सिद्धार्थ की प्रवृज्या

डॉ. विक्रम सिंह

वाणी प्रकाशन

मंचन की तकनीकी आवश्यकताओं और कथ्य की प्रेषणीयता के दृष्टिगत तथागत भगवान बुद्ध के संन्यास ग्रहण की मूल कथा को यथावत रखते हुए किंचित परिवर्तन मंचन के उद्देश्य से किये गये हैं।

वाणी प्रकाशन

4695, 21-ए, दरियागंज, नयी दिल्ली 110 002

फ़ोन : +911123273167 फ़ैक्स : +911123275710

शाखाएँ

अशोक राजपथ, पटना 800 004, बिहार

कॉफ़ी हाउस कैम्पस, महात्मा गांधी मार्ग, इलाहाबाद 211 001, उत्तर प्रदेश

महात्मा गांधी अन्तरराष्ट्रीय हिन्दी विश्वविद्यालय, वर्धा 442 001, महाराष्ट्र

सुल्तानिया रोड, मोतिया पार्क, भोपाल 462 001, मध्य प्रदेश

www.vaniprakashan.in

marketing@vaniprakashan.in

sales@vaniprakashan.in

SIDDHARTH KEE PRAVRAJYA
by Dr. Vikram Singh

ISBN : 978-93-89563-14-6
Play

प्रथम संस्करण 2020

मूल्य : ₹ 299

सिटी प्रेस, दिल्ली-110 095 में मुद्रित

वाणी प्रकाशन का लोगो मक़बूल फ़िदा हुसेन की कूची से

करुणा, दया, सहानुभूति और
सौहार्द का सदैव पाठ पढ़ाने वाले
*स्मृति शेष दादा **दुलारे** को सादर*

अतीत के आईने में वर्तमान

छठी सदी ई.पू. (563 ई.पू.) में बैसाख मास की पूर्णिमा के चाँद ने भारत की धरती पर बुद्ध के रूप में जो किरणें बिखेरीं थीं उन्होंने एक लम्बे समय से चले आ रहे अप्रासांगिक हो चले जीवन मूल्यों को प्रासांगिक बनाने के लिए पुनर्परिभाषित करने की नयी चेतना विकसित की। भारत के इतिहास में छठी सदी ई.पू. की इस चेतना को पुनर्जागरण नाम से जाना जाता है। पुनर्जागरण की इस चेतना ने जीवन के हर क्षेत्र को प्रभावित कर एक नयी वैचारिक क्रान्ति को जन्म दिया। अब तक पारलौकिक सुख की काल्पनिक अभिलाषाएँ जो मृत्यु के पश्चात् सम्भव थीं, उन्हें लौकिक जीवन में ही प्राप्त कर लेने के लिए धरती को ही स्वर्ग बना लेने का चिन्तन विकसित हुआ। जीवन के प्रति अनुराग विकसित करने की इस नयी चिन्तन धारा ने जिस सकारात्मक वातावरण का निर्माण किया, उसने जीवन को आशा और उल्लास की अनन्त सम्भावनाओं से भरकर एक नये युग की आधारशिला रखी।

जीवन के प्रति इस नये दृष्टिकोण ने करुणा, दया, सहानुभूति, सहिष्णुता, शुचिता, सदाचार, शान्ति, सहअस्तित्व और प्रेम पर आधारित नये दर्शन के माध्यम से ईर्ष्या, घृणा, द्वेष, अविश्वास, कटुता, वैमन्यस्ता, स्वार्थ और अहम जैसी विध्वंसक मनोवृत्तियों पर विजय प्राप्त कर आदर्श जीवन और आदर्श समाज-निर्माण की नयी सम्भावनाओं को जन्म दिया। इसी दर्शन ने "राज्य की उत्पत्ति जीवन के लिए हुई है और आदर्श जीवन के लिए उसका अस्तित्व कायम है", जैसे राजनैतिक सिद्धान्त को भी विकसित किया। चिन्तन की इस नवीन धारा को सामाजिक एवं राजनैतिक क्षेत्र में विकसित करने का श्रेय हिमालय की तलहटी में स्थित राज्य 'कपिलवस्तु' के राजकुमार सिद्धार्थ को जाता है। यही राजकुमार सिद्धार्थ संन्यास अर्थात् 'प्रव्रज्या' ग्रहण करने के पश्चात् 'बुद्ध' कहलाए।

सिद्धार्थ की प्रवृज्या मानव सभ्यता के इतिहास की वह महत्वपूर्ण घटना है जिसने सभ्यता के इतिहास को हिंसा और क्रूरता की मनोभूमि से ऊपर उठाकर करुणा, दया, सहानुभूति, सुचिता और सदाचार (शील) की ओर मोड़कर आदर्श व्यक्ति आदर्श समाज और आदर्श राज्य की स्थापना का मार्ग प्रशस्त किया था। बुद्ध के इस प्रयास के कारण ही राज्य, जो दमनकारी शक्ति का प्रतीक था वह धरती पर ईश्वर के अवतरण का प्रतीक बन गया। राज्य के इसी आदर्श रूप के संरक्षण में व्यक्ति अपनी अन्तर्निहित शक्तियों का विकास करने में सफल हुआ। सामाजिक आर्थिक व़िामताओं के कारण पनपे विद्वेष और युद्ध के वातावरण ने जीवन के समक्ष निरन्तर विनाश की जिस आशंका को जन्म दिया था, बुद्ध ने उस आशंका को समाप्त करने हेतु हिंसा के मनोविज्ञान को अहिंसा के मनोविज्ञान में बदलकर सौहार्द के वातावरण का निर्माण किया। ऐसा करने के लिए उन्होंने अपने 'धम्म' में उन सभी विचारों को सम्मिलित किया जो समय की माँग को पूरा करते थे। इसीलिए मानवीय मूल्यों की बुनियाद पर आधारित बुद्ध का दर्शन देश काल की सीमाओं को पार कर चिरन्तन श्रेणी में सम्मिलित हो गया।

इस नयी चिन्तन धारा के मूल में जो वैचारिक शृंखला काम कर रही थी, वह राजकुमार सिद्धार्थ की प्रवृज्या अर्थात् संन्यास ग्रहण की घटना से जुड़े विचारों की शृंखला थी। इस घटना के परिणामस्वरूप सिद्धार्थ की परवर्तित काया रूप 'बुद्ध' ने ही भारत के सामाजिक, राजनैतिक एवं दार्शनिक परिवेश को नई ऊँचाईयों तक पहुँचा कर सम्पूर्ण विश्व को भारत की ओर आकर्षित किया था। इसी आकर्षण में भारत आये थे कुछ ऐसे यात्री जो इतिहास में अमर हो गये। इनमें चीनी यात्री ह्वेनसांग, फाह्यान और मेगस्थनीज (ग्रीक यात्री) के नाम तो भारत के प्राचीन इतिहास के अभिन्न अंग बन गये। इसी क्रम में परवर्ती धर्मों ने बौद्ध दर्शन को देश काल के आधार पर बदल कर अपने-अपने धर्मों में सम्मिलित किया। बौद्ध दर्शन से प्रभावित विश्व समुदाय का प्रतिनिधित्व करने वाले संगठन 'लीग ऑफ नेशन्स' और द्वितीय विश्वयुद्ध के बाद में 'संयुक्त राष्ट्र संघ' ने विश्व शान्ति के लिए इस दर्शन को अपने-अपने 'चार्टर' में स्थान दिया।

भारत की धरती पर जन्मे इस कालातीत दर्शन के मूल में इसके प्रवर्तक सिद्धार्थ के जीवन की वह घटना जिसने उनके जीवन को चिन्तन

की नयी धारा की ओर मोड़ दिया था उस संन्यास ग्रहण की घटना के घटित होने में जातक अट्टकथा में वर्णित 'रोहिणी' नदी जल बटवारे पर उत्पन्न विवाद की घटना थी। इस विवाद के कारण 'शाक्यों' ('कपिलवस्तु' के नागरिक) और 'कोलियों' (कपिलवस्तु राज्य से लगे हुए सीमावर्ती राज्य 'राम ग्राम के नागरिक (कोलिय)' के नागरिक) की शस्त्रों से सुसज्जित सेनाओं के बीच युद्ध की बजाय शान्ति बनाये रखने का सिद्धार्थ ने प्रयास किया था। इसी प्रयास के दौरान 'शस्त्र ग्रहण कर युद्ध करना समस्या का हल नहीं है' जैसे विचार उनके मन में उत्पन्न हुए थे। उनका मानना था कि झगड़ने का क्रम अन्त तक चलता ही रहेगा। पहले पड़ोसी राजा से युद्ध फिर उसके पड़ोसी से और फिर इस तरह शस्त्र ग्रहण में युद्ध का होना अनन्त था। इसीलिए उन्होंने शस्त्र निवृत्ति का मार्ग ग्रहण कर शान्ति और सद्भाव का मार्ग प्रशस्त किया था।

राजकुमार सिद्धार्थ के 'अभिनिष्क्रमण' के सम्बन्ध में 'उद्यान दर्शन' में जिन रूपकों (वृद्ध, रोगी, शव और साधु के रूप) का दर्शन प्रस्तुत हुआ था, उसे 'संथागार' (राज्य की संसद) में हुई युद्ध प्रस्ताव पर बहस ने और और भी बल दिया था। वैराग्य की ओर बढ़ रहे उनके क्रमिक चिन्तन को 'संथागार' में युद्ध पर बहस और युद्ध प्रस्ताव के पारित हो जाने की घटना ने सिद्धार्थ को प्रवृज्या ग्रहण कर लेने का तात्कालिक कारण प्रदान कर दिया। अभिनिष्क्रमण की इसी तात्कालिक कारण रूपी घटना और बीसवीं और इक्कीसवीं सदी के संधिकाल में हुए अफगानिस्तान युद्ध में लड़ने गये हजारों ब्रिटिश सैनिकों के अवसादग्रस्त हो जाने पर ब्रिटिश सरकार द्वारा अवसाद उपचार हेतु उन्हें भारत के बौद्ध दर्शन की जन्म भूमि 'बोधगया' भेजे जाने की घटना के साथ-साथ सीरिया में चल रहे खूनी संघर्ष से तृतीय विश्वयुद्ध की बढ़ती सम्भावनाओं ने आणविक शक्तियों को भी शान्ति और सद्भाव की भूमि 'बोधगया' की ओर देखने के लिए मजबूर कर दिया।

'बोधगया' बिहार प्रान्त में वह पवित्र स्थल है जहाँ 'बोधिवृक्ष' के नीचे भगवान बुद्ध को ज्ञान प्राप्त हुआ था। अफगानिस्तान युद्ध के उन्माद में अवसादग्रस्त हुए ब्रिटिश सैनिकों को 'बोधगया' भेजा जाना इस दर्शन की प्रासंगिकता को 21वीं सदी में भी सिद्ध करता है। 'बोधगया' में स्थित बोधिवृक्ष' बारूद के ढ़ेर पर खड़ी दुनिया को सावधान करते हुए

शान्ति और सौहार्द के जीवन मूल्यों के माध्यम से विध्वंसक मनोवृत्तियों का शमन कर युद्ध के उन्माद में अवसादग्रस्त मन को नयी ऊर्जा से भर देता है। सामूहिक जीवन से उदात्त जीवन की अनन्त सम्भावनाएँ जो परिवार, गाँव और राज्य जैसी संस्थाओं के गठन में अभिव्यक्त हुई थीं उन्हें पारस्परिक सद्भाव, नैतिक आचार संहिता और अनुशासन के बिना प्राप्त नहीं किया जा सकता। उदात्त जीवन की इस अपेक्षा पूर्ति में बुद्ध की देशनाओं (शिक्षाओं) की महत्वपूर्ण भूमिका है। बौद्ध दर्शन की इस दार्शनिक पृष्ठभूमि में सिद्धार्थ द्वारा प्रवृज्या ग्रहण करने की घटना से जुड़ी संथागार में हुई अभिव्यक्तियाँ अतीत के आयने में प्रतिबिम्बित वर्तमान है। इसी घटना पर आधारित है मेरा नाटक 'सिद्धार्थ की प्रवृज्या'।

—विक्रम सिंह
ओ-2 लॉयर्स कॉलोनी
आगरा-282005

पात्र–परिचय

धर्मानन्द : अवकाश प्राप्त चिन्तक
सत्यवती : धर्मानन्द की पत्नी
अखबारवाला : अखबार देने वाला हॉकर
शुद्धोदन : कपिलवस्तु के महाराजा
गौतमी : सिद्धार्थ की मौसी एवं सौतेली माँ
सिद्धार्थ : शुद्धोदन के ज्येष्ठ पुत्र (सम्बोधि प्राप्त होने पर 'बुद्ध')
यशोधरा : राजकुमार सिद्धार्थ की पत्नी और राहुल की माँ
राहुल : राजकुमार सिद्धार्थ का पुत्र
छन्न : राजकुमार सिद्धार्थ का सारथी एवं मित्र
सभापति : संथागार (कपिलवस्तु राज्य की संसद) के सभापति
पुरोहित : कपिलवस्तु स्थित भारद्वाज आश्रम का पुरोहित
सेनापति : कपिलवस्तु राज्य का सेनापति
सदस्य : कपिलवस्तु राज्य की संसद (संथागार) के सदस्य
सचिव : संथागार की कार्यवाही संचालित करने वाला अधिकारी
भृत्य : राजपरिवार का सेवक
दासी : राजपरिवार की परिचारिका
अमात्य : कपिलवस्तु के राजा का मन्त्री
गुप्तचर : कपिलवस्तु राज्य की गुप्तचर सेवा का सदस्य
संन्यासी : संथागार से वापस आते हुए सिद्धार्थ को मिला साधु
कौंडन्य : पंचवर्गीय भिक्षु (प्रथम पाँच शिष्यों में से प्रथम)
वप्प : पंचवर्गीय भिक्षु (प्रथम पाँच शिष्यों में से द्वितीय)
अश्वजित : पंचवर्गीय भिक्षु (प्रथम पाँच शिष्यों में से तृतीय)
भद्रिक : पंचवर्गीय भिक्षु (प्रथम पाँच शिष्यों में से चतुर्थ)
महानाम : पंचवर्गीय भिक्षु (प्रथम पाँच शिष्यों में से पंचम)

दरबान : राजमहल में तैनात सुरक्षाकर्मी

वृद्ध : संथागार से वापस आते हुए सिद्धार्थ को मिला वृद्ध

रोगी : संथागार से वापस आते हुए सिद्धार्थ को मिला रोगी

कंथक : राजकुमार सिद्धार्थ का घोड़ा

वीणावादक : नदी तट पर अपने प्रशिक्षु को प्रशिक्षण देता वीणावादक

प्रशिक्षु : वीणा वादन की शिक्षा ग्रहण करने वाला वीणावादक सुत

किसान 1, 4 : कपिलवस्तु राज्य के किसान

किसान 2, 3 : रामग्राम राज्य के कोलिय किसान

राहगीर 1 व 2 : किसानों के बीच संघर्ष के दौरान वहाँ से गुजर रहे राहगीर

अन्य पात्र : सोहर गायिका, ढोलक वादिका, दर्शक 1, 2, 3, 4

अनुक्रम

अंक प्रथम

दृश्य-1

प्रस्तुति

स्थान : मंच
पात्र : सूत्रधार

सूत्रधार : *(मंच पर टहलते हुए)* मानवीय मूल्यों की जिन अज़ीम दास्तानों ने भारत की तहजीब का निर्माण किया है; उनमें सबसे शानदार दास्तान ढाई हजार वर्ष पहले जुड़ी थी। ये ऐसी दास्तान थी जिसने करुणा, दया, सहानुभूति, त्याग और बलिदान के आधार पर शान्ति, सद्भाव, सहअस्तित्व और मैत्री जैसे मूल्यों को विकसित कर, स्वार्थ और अहम् की तनी हुई तलवारों को, उनकी म्यानों में वापस करा दिया था। ये दास्तान, जिस महामानव के जीवन से सम्बन्धित है, इतिहास में उसे 'भगवान बुद्ध' के नाम से जाना जाता है। बुद्ध ईसा पूर्व छठी शताब्दी में जन्मे हिमालय की तलहटी में स्थित, गणतान्त्रिक राज्य कपिलवस्तु के शाक्य वंशीय, क्षत्रिय राजकुमार सिद्धार्थ थे; जिन्होंने 29 वर्ष की अल्पायु में शान्ति और सौहार्द के लिए, राजसुख त्यागकर प्रवृज्या अर्थात समाज सेवा के लिए सन्यास ग्रहण किया था। इसी सन्यास में उन्होंने अनुसंधान किया था एक ऐसे वैज्ञानिक जीवन दर्शन का, जो संसार के दुःख, दुःख के कारण और उनके निवारण पर एक

व्यवहारिक चिन्तन प्रस्तुत करते हुए निरन्तर परिष्कार द्वारा सुसंस्कृत समाज के निर्माण का प्रयास करता है। उनके इसी अभिनिष्क्रमण का नाट्य रूपान्तरण है, मेरा नाटक 'सिद्धार्थ की प्रवृज्या'।

(पर्दा गिर जाता है।)

दृश्य-2

पुनरावृत्ति

स्थान : लॉन

समय : प्रातः-7 बजे

पात्र : 1. धर्मानन्द
2. सत्यवती
3. अखबार वाला

[लॉन में कुर्सी पर बैठे धर्मानन्द अखबार पढ़ते हुए]

धर्मानन्द : सत्यवती *(हल्की आवाज़ में)*, सत्यवती *(तेज आवाज़ में)*।

सत्यवती : *(मंच के पीछे से)* आती हूँ।

धर्मानन्द : *(पीछे देखते हुए)* अरे सत्यवती ऽ ऽ!

सत्यवती : *(मंच के पीछे से)* आयी, कौन पहाड़ टूट पड़ा? *(मंच पर सामने आकर)* इतनी तेज-तेज क्यों चिल्ला रहे हो?

धर्मानन्द : *(सत्यवती की ओर देखकर)* रिटायर क्या हो गया, लगता है *(लड़खड़ाती जुबान में)* तुमने भी रिटायर कर दिया।

सत्यवती : आपको कौन समझाए? मैं कोई खाली थोड़ई बैठी थी? झाड़ू लगा रही थी। चाय का पानी रख के आयी हूँ *(कहकर वापस लौटती है)*।

धर्मानन्द : चाय के साथ बिस्किट भी लेती आना।

सत्यवती : *(चाय का कप टेबल पर रखते समय अखबार गिरने की आवाज़ से चौंक कर दरवाजे की ओर देखती हुई)* अखबार अब आया? तो ये *(थोड़ा रुकती हुई आवाज़ में)* ये आप कौन सा अखबार पढ़ रहे हैं?

धर्मानन्द : कल वाला। दुबारा पढ़ रहा था। वक्त कैसे काटूँ?

सत्यवती : *(सिर हिलाते हुए)* थोड़ी देर घर के काम कराया करो।

धर्मानन्द : हाँ; *(सिर हिलाते हुए)* लगता है रिटायरमेंट के बाद ये भी करना पड़ेगा।

सत्यवती : *(गेट से लाकर अखबार रखते हुए)* ये अखबार वाले भी बड़े लेट लतीफ हैं। ये मुए यह भी नहीं जानते कि रिटायर लोग जल्दी जग जाते हैं। उन्हें अखबार नहीं मिलता तो बेचारे पुराना ही पढ़ने लगते हैं और घर वालों पर चिल्लाने लगते हैं।

धर्मानन्द : *(लम्बी साँस लेकर)* अब एक तू ही तो है जो मेरा चिल्लाना सुन लेती है। तेरे बिना तो मैं जिन्दगी से भी रिटायर हो जाता।

सत्यवती : *(सिर हिलाते हुए)* आदमी लोग बहुत होशियार होते हैं। उम्र में अपने से छोटी लड़की से शादी करते हैं ताकि बुढ़ापे में भी सेवा होती रहे।

धर्मानन्द : लगता है नारीवादी आन्दोलन का भूत तेरे ऊपर भी सवार है। थोड़ी देर शान्त रहकर मेरे पास भी बैठ लिया कर।

सत्यवती : तुम तो फुरसत में बैठे हो। अभी कहने लगोगे, नाश्ता लाओ। अभी से नहीं लगूंगी तो समय पर कैसे बन पाएगा?

धर्मानन्द : *(अखबार देखते हुए)* हथियारों के सौदागर लगता है दुनिया में शान्ति होने नहीं देंगे। (थोड़ा हाथ उठाते हुए) जब देखो तब युद्ध।

सत्यवती : *(दायें हाथ का पंजा घुमाते हुए)* कहाँ हुआ?

धर्मानन्द : कौन-कौन बतायें। वियतनाम वार और ईरान इराक वार के किस्से अभी खत्म भी नहीं हुए थे, अफगानिस्तान और इराक के शुरू हो गये। वह भी खत्म नहीं हो पाए कि मध्य पूर्व में युद्ध के बादल मँडराने लगे।

सत्यवती : *(चुटकी लेते हुए)* अब कल वाले अखबार से निकल कर आज वाले पर आओ।

धर्मानन्द : आज वाले में कौन शान्ति होगी *(आज का अखबार देखते हुए)* आज वाले में लिखा है; भीड़ वाले इलाकों में बम की दहशत; आतंकवादी सीमा में घुसे।

सत्यवती : बराबर वाली भावी जी कह रही थीं सम्पत्ति के विवाद में बेटे ने बाप को मार दिया और एक लड़के ने किसी लड़की के चक्कर में माँ को ही मार दिया।

धर्मानन्द : बुढ़ापे में माँ बाप जब अपने ही बच्चों से सुरक्षित नहीं रहे तो बिचारे कहाँ जांय?

सत्यवती : *(सिर हिलाते हुए)* बड़ा बुरा वक्त आ गया। रिश्ते भी विश्वसनीय नहीं रह गये।

धर्मानन्द : शुक्र करो कि मैं ठीक से रिटायर हो गया। वरना आज कल तो पिता की जगह नौकरी पाने के चक्कर में भी हत्याएँ हो रही हैं। कई केस इसी तरह के खुले हैं।

सत्यवती : मेरा तो जी घबड़ाता है ऐसी बातें सुनकर। दहेज के लिए बहू की हत्या। मूँछ के लिए बेटी की हत्या। बेटे की चाहत में अजन्मी बेटी की हत्या।

धर्मानन्द : सत्यवती! ये हत्याएँ समाज में पल रही हिंसा की विषबेल है। रिश्ते-नातों से इसे क्या लेना-देना लेकिन हाँ ये रिश्ते ही तो हैं जिन्होंने हमारे अन्दर ममता, वात्सल्य, बन्धुत्व, पितृत्व, विश्वास, प्रेम, करुणा, दया, सहानुभूति, मैत्री और सहअस्तित्व जैसी उदात्त भावनाएँ विकसित की थीं। रिश्तों की मर्यादा के बगैर सभ्य समाज की कल्पना भी व्यर्थ है।

सत्यवती : काश, तुम्हारी इन बातों की समझ उन गुनहगारों को भी होती।

धर्मानन्द : *(गम्भीर मुद्रा में)* समझ में तो आयेंगी लेकिन तब तक हिंसा की विषबेल कहीं लाइलाज न हो जाये जो हिंसा घर के अन्दर शुरू होती है वह एक दिन देश की सरहदों तक पहुँच जाती है कभी घुसपैठियों और कभी आतंकवादी घटनाओं से जीवन खतरे में पड़ जाता है।

सत्यवती : जब खून के रिश्ते हिंसा पर उतर आयें तो आतंकवादियों से क्या उम्मीद?

धर्मानन्द : लेकिन ज़िन्दगी उम्मीद के ही सहारे चलती है। नैराश्य की राख से ही उम्मीद जन्म लेती है। 'महाभारत' के बाद के नैराश्य ने ही निःशस्त्रीकरण और सहअस्तित्व

की भूमि तैयार की थी; जिसमें उगा था, वह बोधि वृक्ष, जिसने करुणा, दया, सहानुभूति और उदारता के खग कुल को आश्रय देकर; जीवन की डोर कभी टूटने नहीं दी।

सत्यवती : *(अखबार* का एक पेज धर्मानन्द को पकड़ाते हुए)* लो, अफगानिस्तान और इराक में युद्ध करने वाले चार हजार ब्रितानी सैनिकों का दल बोधगया में बोधिवृक्ष के नीचे ध्यान लगाने आ रहा है। *(हल्की मुस्कान के साथ सिर हिलाकर)* अब जरा इस पर भी कुछ हो जाय।

धर्मानन्द : *(सत्यवती द्वारा दिये गये अखबार का पेज देखते हुए)* गाँव का जोगी जोगना, आन गाँव का सिद्ध।

सत्यवती : क्या मतलब?

धर्मानन्द : मतलब ये कि हम भले न अपनी धरती से उगे विचारों की महत्ता समझे हों लेकिन सात समुन्दर पार हमारी धाक है कि हम हिंसा के जख़्मों से आहत समाज को अहिंसा, करुणा, दया, सहानुभूति, समता, सहिष्णुता, मैत्री और शान्तिपूर्ण सहअस्तित्व का मरहम दे सकते हैं। इसीलिए तो इंग्लैण्ड ने युद्ध से ऊबकर अवसादग्रस्त हुए हजारों सैनिकों को अवसाद से बाहर लाने के लिए बोधगया, सारनाथ और कुशीनगर भेजा है...

सत्यवती : *(विस्मय की मुद्रा में)* इंग्लैण्ड जैसा विकसित और वैज्ञानिक देश क्या अवसाद की दवा नहीं बना पाया? बोधगया में ऐसा क्या है जिसके लिए इंग्लैण्ड ने अपने अवसादग्रस्त सैनिक भेजे हैं?

धर्मानन्द : मैंने अभी अपनी धरती पर उगे करुणा, दया, सहानुभूति, शान्ति, सहअस्तित्व और मैत्री के जिन विचारों की बात कही थी उन्हें महसूस कर जीवन को नया मोड़ देने के लिए।

सत्यवती : जो हिंसा और युद्ध के वातावरण के कारण अवसादग्रस्त हुए हैं उन्हें ये विचार समझ में कैसे आयेंगे?

धर्मानन्द : सत्यवती! आग को आग शान्त नहीं कर सकती। आग को शान्त करने के लिए पानी की आवश्यकता होती है।

---

* हिन्दुस्तान 18 दिसम्बर 2012 के संस्करण में पेज 13

सत्यवती : लेकिन पानी तो आग में भाप बनकर उड़ जायेगा।

धर्मानन्द : कुछ उड़ेगा भी और आग के ताप को शान्त भी करेगा। इसी तरह हिंसा और युद्ध के उन्माद को करुणा, दया, सहानुभूति के भावों द्वारा ही शान्त किया जा सकता है। हिंसा के घाव अहिंसा के मरहम से ही भरे जा सकते हैं। बोधगया और बोधिवृक्ष की पृष्ठभूमि आपके प्रश्नों के उत्तर स्वयं देती है लेकिन तुम्हारी उत्कण्ठा बालक राहुल की तरह ही है। *(धर्मानन्द यह कहते-कहते आँखें बन्द कर लेते हैं।)*

(पर्दा गिर जाता है।)

अंक द्वितीय

दृश्य-1

उत्कण्ठा

स्थान : राजमहल
समय : सायं 7.00 बजे
पात्र : 1. शुद्धोदन
2. गौतमी
3. राहुल
4. भृत्य
5. सुन्दरी नन्दा
6. नन्द

[खाने की मेज पर बर्तन रखे हैं। राजपरिवार के सदस्य बैठे हैं।]

भृत्य : *(खाने की मेज पर भोजन लगाते हुए)* आज अषाढ़ी *(अषाढ़ मास की पूर्णिमा)* है।

शुद्धोदन : *(सिर हिलाते हुए)* इसीलिए दाल पुड़ी बनी है।

भृत्य : आम भी हैं साथ में, छोटे राजकुमार को बहुत पसन्द हैं।

गौतमी : उसे भी ये खाना बहुत पसन्द था।

राहुल : *(यशोधरा से)* दादी किसके बारे में बता रही हैं?

यशोधरा : तेरे पिताजी के बारे में।

राहुल : *(यशोधरा से)* माँ, पिताजी कब आयेंगे?

यशोधरा : जब तुम बड़े हो जाओगे।

राहुल : माँ मुझे बादाम वाला दूध दिया करो। नन्द चाचा कहते हैं बादाम वाले दूध से जल्दी बड़े हो जाते हैं। *(ठुनकते*

हुए) मुझे बादाम वाला दूध चाहिए।

यशोधरा : पहले दाल पुड़ी और आम खा लो; फिर...।

राहुल : नहीं। मुझे बादाम वाला दूध चाहिए। *(यशोधरा की ओर मुखातिब होकर)* आप तो कहती थीं कि दूध पीने से बच्चे जल्दी बड़े हो जाते हैं।

यशोधरा : *(गौतमी की ओर मुखातिब होकर)* जल्दी बड़े होने की सोच कर अब ये दूध पी भी लेता है वरना दूध पीने में बड़ा मुँह बनाता था।

गौतमी : *(भावुक होते हुए)* बच्चा है, बाप को देखने का दिल तो करता ही होगा।

राहुल : *(यशोधरा से)* माँ मैं कितने साल का हो गया?

यशोधरा : छह साल का

राहुल : मैं कितने साल का था जब पिताजी गये थे?

यशोधरा : सात दिन का

राहुल : *(यशोधरा से)* माँ मैं कितने साल का हो जाऊँगा जब पिताजी आयेंगे?

यशोधरा : सात साल का

राहुल : पहले तो आपने कहा था छह साल का होऊँगा तब पिताजी आयेंगे। अब कहती हो सात साल का हो जाऊँगा तब आयेंगे। आप झूठ बोलती हो। बुआ कहती है झूठ बोलना पाप होता है। *(सुन्दरी की ओर देखकर)* बुआ एक साल में कितने दिन होते हैं?

सुन्दरी : तीन सौ पैंसठ

राहुल : *(आश्चर्य की मुद्रा)* इतने ज्यादा

गौतमी : *(दिलासा देती हुई)* अरे ऽ ऽ ऽ एक साल में बारह महीने ही तो होते हैं।

राहुल : *(उँगलियों पर गिनते हुए)* इतने सारे महीने।

यशोधरा : (राहुल की ओर मुँह करके) दादा से कहो पिताजी को खबर करवा दें कि राहुल उन्हें बहुत याद करता है।

राहुल : *(शुद्धोदन से)* दादाजी जल्दी से खबर करवा दो *(थोड़ा रुककर)* दादाजी जब पिताजी आ जायें तब उन्हें जाने न देना।

–अन्तराल–

दादाजी! आपने पिताजी को जाने क्यों दिया था? वन में तो भालू और शेर भी होते हैं। कहीं...

यशोधरा : *(राहुल का मुँह हाथ से बन्द करते हुए)*

राहुल : *(मुँह बनाते हुए)* कट्टी...आप पिताजी को बिल्कुल भी प्यार नहीं करते हैं। *(जीभ को तालु पर लगाकर मुँह खोलते हुए झटके से जीभ गिराकर 'ट' की ध्वनि निकालकर)*... कट्टी

–अन्तराल–

(रोते हुए) आपने डाँटा होगा...

(यशोधरा की ओर मुँह करके रोते हुए) दादा बहुत गन्दे हैं...

–अन्तराल–

(हुपकते हुए) माँ! मुझे बताओ पिताजी घर छोड़कर वन में क्यों गये?

–अन्तराल–

(राहुल की आतुरता देखकर शुद्धोदन, गौतमी और यशोधरा की आँखें नम हो जाती हैं।)

यशोधरा : *(अपने को सँभालते हुए)* पहले चुप हो जाओ तब बताऊँगी।

राहुल : बताओ

यशोधरा : उस रोज तेरा...जन्मोत्सव... *(कहते-कहते आँखें बन्द कर लेती है)*

(पर्दा गिर जाता है।)

दृश्य-2

आह्लादन

स्थान : राजमहल

समय : सायंकाल 7:00 बजे

पात्र : 1. शिशु राहुल
2. यशोधरा
3. गौतमी
4. महिला-1
5. महिला-2
6. शुद्धोदन
7. सिद्धार्थ
8. छन्न
9. अमात्य
10. सम्बन्धी-1
11. सम्बन्धी-2
12. भृत्य
13. सेनापति
14. गुप्तचर
15. दासी
16. उद्घोषक
17. सोहर गायिका
18. ढोलक वादिका

[एक व्यक्ति मंच पर कुर्सियाँ रख रहा है। एक कपड़े से कुर्सियों की धूल साफ करने का अभिनय करता है और

कुछ लोग आ जा रहे हैं। एक महिला ढोलक, मंजीरा लेकर मंच पर एक ओर रखती है। सोहर गायिका स्थान ग्रहण करती हुई।]

अमात्य : *(दीपाँक्तिओं की ओर देखते हुए व्यवस्थापक से)* महारानी माँ आने ही वाली हैं।

दासी : होशियार; महारानी माँ पधार रही हैं।

[राहुल को लिए हुए महिला 1. यशोधरा, गौतमी, महिला 2. का मंच पर प्रवेश]

भृत्य : आमो खास! होशियार; महाराज शुद्धोदन पधार रहे हैं।

अमात्य : *(गुलदस्ता भेंट करते हुए)* बधाई हो महाराज, बधाई। महाराज! आपकी एक पदवी और बढ़ गयी; दादा की *(दोनों मुस्कराते हैं)*।

शुद्धोदन : धन्यवाद; अमात्य जी धन्यवाद, *(सिर नीचे को झुकाकर हाथ ऊपर करते हुए)* ये सब उसी की कृपा है।

छन्न : *(गुलदस्ता भेंट करते हुए)* बधाई हो राजकुमार, बधाई।

सिद्धार्थ : धन्यवाद मित्र छन्न; धन्यवाद।

सम्बन्धी-1 : *(मुस्कराते हुए बच्चे के लिए शुद्धोदन को उपहार भेंट करते हुए)* बधाई हो महाराज, बधाई। दादा की नयी पदवी के लिए बधाई।

शुद्धोदन : धन्यवाद जी धन्यवाद, ये सब आपकी शुभकामनाओं का फल है।

दासी : *(महारानी माँ से नेग माँगती हुई)* पण्ण से कम नहीं लूँगी महारानी माँ जी। महल में इतनी बड़ी खुशी आयी है।

गौतमी : *(चिन्ता मत कर)* तुझे पण्ण ही मिलेगी, तुम्ही लोगों की शुभकामनाएँ तो हैं जो महल में ऐसी खुशी आयी।

दासी : लेकिन महारानी जी राजकुमार कुछ सोचते से रहते हैं।

महिला-1 : *(सिर हिलाकर मुँह मटकाती हुई)* पिता जो बन गये हैं। भई पिता बनने के बाद जिम्मेदारियाँ तो बढ़ ही जाती हैं। बच्चे के लालन-पालन और शिक्षा बगैरा-बगैरा का ध्यान करते होंगे।

गौतमी : वह वैसे भी बहुत संवेदनशील है, अभी भी कभी-कभी बच्चों जैसी बातें करने लगता है।

महिला 2 : कोई कितना भी बड़ा हो जाय *(होंठ बनाकर)* माँ के आगे तो बच्चा ही रहता है।

महिला 1 : *(राहुल को देखती है फिर मुँह बनाकर)* कुँअर तो राजकुमार पर गये हैं।

गौतमी : *(राहुल में सिद्धार्थ के बचपन का रूप देखती हुई)* ठीक ऐसा ही इसका बाप भी था जब बहिन महामाया ने मुझे सौंपा था।

उद्घोषक : देवियो, सज्जनों और प्यारे बच्चो, आपको मालूम ही है कि राजपरिवार में आये नन्हे मेहमान के स्वागत में आज का यह रंगारंग कार्यक्रम आयोजित किया गया है। परम्परा के मुताबिक हम इसमें 'सोहर' प्रस्तुत करेंगे। 'सोहर' लोक गीत की एक विधा है जो बच्चे के जन्म पर महिलाओं द्वारा गाया जाता है। आइए हम पहले सोहर का आनन्द लेते हैं। इसमें ब्रजभाषा के कुछ शब्दों का प्रयोग है। सुविधा के लिए बता दें 'लहुरी' का अर्थ छोटी और 'जेठी' का अर्थ बड़ी, पउए—खेती और दूध के लिए पाले जाने वाले पशुओं के लिए प्रयोग होता है और पखेरू पक्षी के लिए।
[सोहर[1] गायिकाएँ सोहर गान प्रारम्भ कर देती हैं।]

लहुरी आओ
जेठी आओ
आओ सभी
नर-नार कि
...........अँगना नाच उठा

तुम भी गाओ
हम भी गायें
गायें सभी
नर-नार कि
............अँगना नाच उठा

ढोलक बाजी,
मँजीरा बाजे
थाली[2]' बजी घनघोर कि
............अँगना नाच उठा

खन-खन करिकैं
चुरियाँ बाजीं
कँगना बजे घनघोर कि
...........अँगना नाच उठा

पूरब नाचे
पश्चिम नाचे
उत्तर नाचे
दक्खिन नाचे
नाचे सभी संसार कि
...........अँगना नाच उठा

देहरी नाचे
चौखट नाचे
नाचे सभी
घर द्वार कि
...........अँगना नाच उठा

दादा नाचे
दादी नाची
नाना नाचे
नानी नाची
नाचे सभी परिवार कि
...........अँगना नाच उठा

राजा नाचे
रानी नाचे
नाचा सभी दरबार कि
...........अँगना नाच उठा

पउए नाचे
पखेरू नाचे
नाचा पशु परिवार कि
...........अँगना नाच उठा

(मंच पर बैठे अन्य पात्र तालियाँ बजाते हुए)

उद्‍घोषक : अब आपके सामने प्रस्तुत है एक दूसरा सोहर

आओ आओ सखी
मेरे अँगना में
मेरे अँगना में
ललना आयो है
......आओ आओ सखी मेरे अँगना में

ललना की अखियाँ
ददिया जैसी
दादा-सी नाक है
ललना की
......आओ आओ सखी मेरे अँगना में

ललना की पैंया,
नानी जैसी;
नाना सी बहियाँ,
ललना की।
......आओ आओ सखी मेरे अँगना में

ललना को मुखड़ा,
बाबुल जैसा;
मैया सी सूरत,
ललना की।
......आओ आओ सखी मेरे अँगना में

उद्घोषक : अब प्रस्तुत है तीसरा सोहर, इसमें पुत्र जन्म पर थाली वादन की परम्परा, जच्चा को सौंर *(प्रसूतिगृह)* से बाहर लाने और इसके लिए देवर द्वारा नेग *(उपहार)* माँगने की परम्परा, दरवाजे पर जच्चा की ननद द्वारा बनाये जाने वाले शुभांकर जिन्हें 'चरूआ' एवं 'सतिया' कहते हैं, अंकित करने पर नेग माँगने की परम्परा, नाना पक्ष से आने वाली मिठाईयाँ एवं 'छूछक' *(उपहार)* का वर्णन तथा प्रसूता को परम्परागत तरीके से सजाने पर नेग माँगने वाले विभिन्न कार्मिकों का वर्णन है। मनिहारिन *(चूड़ियाँ पहिनाने वाली महिला)*, बिसातिन *(बच्चे के प्रारम्भिक उपकरण एवं खिलौने आदि बेचने वाली महिला)* और नाइन, मालिन एवं किन्नरों द्वारा गाकर नेग माँगने की परम्परा का वर्णन है।

(उद्घोषक की उद्घोषणा के समाप्त होते ही पुनः वाद्य यन्त्र बजने लगते हैं)

बाजे बाजे बधाई चहुँ ओर
भुवन में ललना की;
छायी खुशी चहुँ ओर
भुवन में ललना की
......बाजे बाजे बधाई

'देवरा' आये
'बारी[3]' काजैं
नाचे बधाई
ललना की
......बाजे बाजे बधाई

'ननदी' आयी
चरुआ[4] काजैं
नाची बधाई
ललना की
......बाजे बाजे बधाई

पियरो लैकें
मामा आये
लाये छूछक[5]
ललना की
......बाजे बाजे बधाई

मनिहारिन[6] आयी
चुरियाँ लैकें
और मेखला
ललना की
......बाजे बाजे बधाई

आयी बिसातिन[7]
बिछिया लैकें
और नजरिया
ललना की
......बाजे बाजे बधाई

गजरा लेकैं
आयी मालिन
झालर लायी
ललना की
......बाजे बाजे बधाई

ताली दै दै
किन्नर नाचे
फिरकी लै ली
ललना की
......बाजे बाजे बधाई

गुप्तचर : सैल्यूट कर सेनापति से कुछ कान में कहता है और पुनः सैल्यूट करके अलग हो जाता है।

सेनापति : *(शुद्धोदन के पास पहुँचकर)* महाराज! रोहिणी नदी पर कोलिय राज्य के किसानों से हमारे किसानों का कुछ विवाद हो गया है, आज्ञा हो तो मैं उसे निबटाने चला जाऊँ।

शुद्धोदन : आज्ञा है।

सेनापति : *(महाराज को सैल्यूट करता हुआ)* महाराज की जय हो।

(सेनापति का मंच से प्रस्थान)
(सेनापति के जाते ही सभा विसर्जित हो जाती है।)

(पर्दा गिर जाता है)

---

1. जन्म के समय महिलाओं द्वारा गाया जाने वाला लोक गीत
2. लड़के के जन्म पर थाली बजाकर गाँव को बालक जन्म की सूचना देने की प्रथा
3. सौंर (प्रसूतिगृह) जहाँ से सप्ताह भर बाद देवर द्वारा जच्चा को बाहर लेकर आने की परम्परा
4. पुत्र जन्म पर ननद द्वारा द्वार पर बनाये जाने वाले स्वस्तिक चिह्न
5. नवजात के जन्म पर ननिहाल की ओर से आने वाले उपहार
6. चूड़ियाँ बेचने वाली औरत
7. बच्चों एवं औरतों के पारम्परिक प्रयोग की चीजें यथा सेफ्टीपिन, बालों के फीते आदि बेचने वाली महिला।

अंक तृतीय

दृश्य-1

विवाद

स्थान : रोहिणी–तट

समय : सायं 5:30 बजे

पात्र : 1. किसान-1*

2. किसान-2**
3. किसान-3**
4. किसान-4*
5. राहगीर-1
6. राहगीर-2

[कन्धों पर फावड़े रखे हुए किसान मंच पर इधर-उधर घूमते हुए]

किसान-1 : *(किसान 3 से)* आज पानी लेने की मेरी बारी *(टर्न)* है।

किसान-3 : *(किसान 1 से)* मेरे खेतों में जायद की फसल लगी है, बिल्कुल सूख जायेगी, हम कहीं के नहीं रहेंगे।

किसान-1 : *(किसान 3 से)* हम ये कुछ नहीं जानते, हमारी बारी है, हमें पानी चाहिए।

किसान-3 : *(किसान 1 से)* भइया हम आपसे विनती करते हैं कि हमें आज भर की मोहलत दे दो। कल सवेरे तक हमारे खेत सिंच जायेंगे।

किसान-1 : *(किसान 3 से)* जब तुम्हारे खेत सूख रहे थे तो तुम पहले

---

* कपिलवस्तु के किसान।

** रामग्राम के कोलिय किसान।

क्यों नहीं सींच लिए। गलती तुम्हारी है। तुम जानों। हमें कोई मतलब नहीं। हमें पानी चाहिए बस।

किसान-3 : *(किसान 1 से)* हम मानते हैं कि बारी तुम्हारी है लेकिन ये भी तो सोचो कि हमारी हरी खेती है। एक दिन की गर्मी में ही सूख जायेगी। हमारे बच्चे भटक जायेंगे।

किसान-1 : *(किसान 3 से)* तुम्हीं होशियार हो बाकी तो सब मूरख हैं। हमारे खेत सूख रहे हैं उसकी कोई बात नहीं। तुम्हारे नहीं सूखने चाहिए। ये कैसा न्याय है?

किसान-3 : *(किसान 1 से)* भइया तुम्हारे खेतों में गेहूँ हैं। एक दिन में कुछ नहीं बिगड़ेगा।

किसान-1 : *(किसान 3 से)* और बिगड़ेगा भी तो तुम्हें क्या? तुम्हारे खेत नहीं सूखने चाहिए। *(चिल्लाते हुए)* बारी हमारी है हम पानी अभी लेंगे।

किसान-4 : *(ज़ोर-ज़ोर से चिल्लाते हुए)* ऐसे तो कल तुम्हारी तरफ का कोई दूसरा आयेगा वह भी कहेगा हमारी सब्जी के खेत सूख रहे हैं तो हम फिर उसे दे दें और हम खाली घूमते रहें। *(ज़ोर से)* हम हरगिज ऐसा नहीं करेंगे।

किसान-1 : *(ज़ोर-ज़ोर से)* तुम अगर सीधे नहीं मानोगे तो हमें टेढ़ी उँगली से घी निकालना भी आता है। *(किसान 4 की ओर इशारा करते हुए)* तुम काटो पानी अपनी तरफ़; बाकी सब देखा जायेगा।

किसान-2 : *(किसान 1 व 4 से)* इतने ज़ोर-ज़ोर से चिल्लाने और लड़ने की क्या बात है? आज ही भर की तो बात है।

किसान-4 : (किसान 2 से) तू कौन है बे? क्यों बीच में बोल पड़ा? *(कहकर किसान 2 को धक्का देते हुए)*

किसान-3 : *(ज़ोर से चिल्लाते हुए)* हम मिन्नतें कर रहे हैं और आप बदतमीजी पर उतर आये। हम भी क्षत्रिय हैं। हमारा खून भी तुम्हारे जितना ही गरम है।

किसान-4 : ठीक है, तो हम अपनी तरफ पानी काट रहे हैं। तुम जो कर सको कर लेना।

किसान-1 : आज अब यहीं फैसला हो जायेगा। हम पानी काट रहे हैं। तुम्हें जो करना हो कर लो।

किसान-2 : *(किसान 4 से)* तुमने उम्र का लिहाज भी छोड़ दिया। (अपनी चोट दिखाते हुए) तुमने सारी हदें पार कर दीं।

किसान-4 : तुम से जो बन पड़े कर लेना।

किसान-3 : *(किसान 2 की बाँह में खून देखकर आवेश में)* तुमने हमारे बड़े भाई की बेइज्जती कर दी, हम तुम्हें देख लेंगे।

किसान-1 : *(ज़ोर-ज़ोर से)* चोरी की चोरी और सीना ज़ोरी। चल भाई हम जबरदस्ती पानी काटते हैं।

किसान-4 : हम भी देखते हैं कैसे काटते हो पानी *(किसान 3 को धक्का देते हुए फावड़ा चलाता है। फावड़ा चलाते ही दोनों ओर के किसान चिल्ला-चिल्लाकर भिड़ने लगते हैं)*

राहगीर-1 : शान्ति, शान्ति, शान्ति। झगड़े में क्या निकलेगा, आपस में बैठकर फैसला कर लो।

किसान-4 : *(राहगीर 1 से)* अब कुछ निकले या न निकले; हम इन्हें देख लेंगे।

किसान-1 : हम क्षत्रिय हैं, हम इन्साफ के लिए अपनी जान की भी परवाह नहीं करते।

राहगीर-2 : अरे भाई, खेती किसानी में ये सब चलता रहता है लेकिन झगड़े में नुकसान दोनों को होता है।

किसान-4 : अब खेत तो बाद में सीचेंगे। प्रतिशोध पहले लेंगे।

[ज़ोर-ज़ोर की आवाज़ों के बीच धक्कम-धुक्की होने लगती है।]

(पर्दा गिर जाता है।)

दृश्य-2

प्रतिशोध

स्थान : संथागार

समय : प्रातः 10:30 बजे

पात्र : 1. सभापति

2. सिद्धार्थ
3. सेनापति
4. सचिव
5. सदस्य-1
6. सदस्य-2
7. सदस्य-3
8. सदस्य-4
9. परिचर

[शाक्य संघ के सभागार (संथागार) में सदस्य आ जा रहे हैं कुछ सदस्य बैठे हैं। सभापति को एस्कोर्ट करते हुए सेनापति का मंच पर प्रवेश। सभापति के आसन ग्रहण करते ही सभी अपने-अपने स्थान पर बैठ जाते हैं।]

सभापति : *(सचिव की ओर देखते हुए)* सभा की कार्यवाही प्रारम्भ की जाय।

सचिव : माननीय सभापति महोदय! आज अचानक बैठक बुलाए जाने का कारण रोहिणी नदी का जल विवाद है। दरअसल कपिलवस्तु एवं कोलिय राज्य अपने-अपने खेतों की सिंचाई जिस रोहिणी नदी के जल से करते हैं उसके जल बटवारे को लेकर कपिलवस्तु और कोलिय राज्य के

किसानो में विवाद हो गया है। इसी विवाद के निराकरण के सन्दर्भ में माननीय सदस्यों द्वारा विचार किया जाना है।

सदस्य-1 : मान्यवर! आप जानते हैं कि हमारे पड़ोसी कोलिय राज्य के किसान और कपिलवस्तु के किसान आपसी समझौते के मुताबिक बारी-बारी से रोहिणी नदी के जल से अपने अपने खेतों की सिंचाई करते रहे हैं। लेकिन आज कोलिय राज्य के किसानो ने हद कर दी। समझौते की शर्तों के मुताबिक पानी लेने की बारी हमारी थी लेकिन ले उन्होंने लिया। इसी बात को लेकर आज दोनों राज्यों के किसानो में झगड़ा हो गया है। पानी ले लिया सो ले लिया। हमारे किसानों के ऊपर हमला करके उन्हें लहुलूहान भी कर दिया। पानी की इस समस्या के स्थायी समाधान हेतु मेरा प्रस्ताव है कि 'कोलिय' राज्य के विरुद्ध युद्ध करके समस्या का स्थायी समाधान कर लिया जाय।

सभापति : प्रकरण गम्भीर है, इसलिए सेनापति जी प्रस्ताव के सम्बन्ध में विस्तार से सदन को बताएँ।

सेनापति : मान्यवर! यों तो पानी के लिए किसानो में कहा सुनी सामान्य बात है लेकिन कोलिय राज्य के किसानों के हौसले अब इतने बढ़ गये हैं कि वह मनमानी करने लगे हैं। हमारी बारी होते हुए भी उन्होंने रोहिणी का पानी अपने ही प्रयोग में ले लिया। मान्यवर! पानी पहले ले लिया सो तो ले ही लिया उन्होंने हमारे किसानों के ऊपर हमला भी कर दिया। उनका हमला शाक्य स्वाभिमान पर हमला है। इसलिए उन्हें मुँह तोड़ जवाब देने के लिए हमें युद्ध करना ही पड़ेगा।

सभापति : *(सदस्य '2' की ओर इशारा करते हुए)* कृपया सदस्य 2

सदस्य-2 : मान्यवर! बात शाक्य स्वाभिमान और जीविका दोनों की है। अगर हमारे खेतों को समय से पानी नहीं मिलेगा तो खेत सूख जायेंग। फसल नष्ट हो जाएगी। मतलब सीधा ये है कि हम तबाह हो जायेंगे। इसलिए हमारे पास युद्ध के सिवाय कोई विकल्प नहीं है।

सभापति : *(सदस्य '3' की ओर संकेत करते हुए)* कृपया सदस्य 3

सदस्य-3 : मान्यवर! ये प्रश्न शाक्यों के जीवन मरण का है। भूखों मरने से अच्छा है रणभूमि में मरना। इसलिए मैं युद्ध का समर्थन करता हूँ।

सभापति : *(सदस्य '4' की ओर संकेत करते हुए)* कृपया सदस्य 4

सदस्य-4 : मान्यवर! हम शाक्य वंशीय क्षत्रिय हैं। स्वाभिमान के लिए लड़ना हमारी परम्परा है। हमारे स्वाभिमान को चोट लगी है। इसलिए हम ईंट का जवाब पत्थर से देगें।

सदस्य 2 : मान्यवर! किसान हमारी अर्थव्यवस्था में रीढ़ की हड्डी हैं। अगर हमारी रीढ़ की हड्डी ही टूट जाएगी तो हमारी अर्थव्यवस्था का शरीर अपंग हो जायेगा। घिसट-घिसट कर नरक की ज़िन्दगी जीने से अच्छा है वीरगति पाना। वीरगति पाने वाला सीधे स्वर्ग जाता है। युद्ध में मरने पर कम से कम स्वर्ग तो मिलेगा।

सदस्य-4 : मान्यवर! अगर हम अपनी प्रजा की रक्षा नहीं कर सकते तो उनसे कर लेने का नैतिक अधिकार भी हम खो देंगे।

सदस्य-3 : पानी प्राकृतिक सम्पदा है। प्राकृतिक सम्पदा पर सबका समान अधिकार है। समझौते के मुताबिक हमारी बारी होने के बाद भी पानी का उपयोग उनके द्वारा ही कर लेना न्यायिक दृष्टि से भी गलत है। इसलिए कोलिय राज्य को दण्ड देना आवश्यक है।

सभापति : *(राजकुमार सिद्धार्थ द्वारा कुछ कहने की अनुमति हेतु हाथ उठाने पर सभापति राजकुमार सिद्धार्थ की ओर संकेत करते हुए)* राजकुमार सिद्धार्थ का विचार इस प्रस्ताव पर सदन के लिए आवश्यक है अतः राजकुमार सिद्धार्थ कुछ कहना चाहें।

सिद्धार्थ : मान्यवर! संथागार इस समय युद्ध के उन्माद में डूबा हुआ है। इसलिए पानी के साथ-साथ खून-खराबे पर भी विचार करना आवश्यक है क्योंकि युद्ध में खून-खराबा ही होता है। युद्ध समस्या का स्थायी हल नहीं है। आग से आग कभी शान्त नहीं होती। इसलिए जोश की बजाय होश से काम लिया जाय। शाक्य और कोलिय निकट

सम्बन्धी भी हैं। परस्पर लड़ने की बजाय पाँच सदस्यों की एक संयुक्त समिति का गठन करके समस्या का हल निकाल लिया जाय।

सभापति : राजकुमार सिद्धार्थ गौतम के सुझाव पर किसी को कुछ कहना हो तो कहें।

[कुछ पल शान्ति के अन्तराल के बाद]

सेनापति : मान्यवर! मेरा मत निश्चित है कि बिना युद्ध के समस्या का समाधान नहीं होगा।

सिद्धार्थ : मान्यवर! युद्ध व्यक्ति और राष्ट्र दोनों के वर्तमान और भविष्य का नाश करता है। युद्ध में मरने वाले सैनिकों के परिवारों को असहय पीड़ा सहनी पड़ती है वे प्रगति में पिछड़ जाते हैं। उनके माँ-बाप का बुढ़ापा खराब हो जाता है। उनकी पत्नी को वैधव्य जीवन जीना पड़ जाता है। बच्चे अनाथ हो जाते हैं। पिता के बिना बच्चों की परवरिश ठीक से नहीं हो पाती। उनका भविष्य खराब हो जाता है। युद्ध में जो सैनिक अपंग हो जाते हैं। देश को अपने खजाने से उनकी मदद करनी पड़ती है। इस तरह देश की आय जो विकास के काम में लगनी चाहिए वह युद्ध की क्षतिपूर्ति में चली जाती है। फसलें बर्बाद हो जाती हैं। घर तबाह हो जाते हैं। इसलिए विवाद को वार्ता से ही हल करने पर विचार किया जाना चाहिए।

–अन्तराल–

मान्यवर! मैं संथागार से दरुख्वास्त करता हूँ कि वह युद्ध के प्रस्ताव को जनहित में स्वीकार न करे। शाक्य और कोलिय दोनों आपस में सम्बन्धी हैं। आपस में युद्ध समझदारी नहीं कही जा सकती।

सेनापति : मान्यवर! हम क्षत्रिय हैं। क्षत्रिय युद्ध में अपना पराया नहीं देखते। राज्य के लिए सगे भाइयों से भी युद्ध करने की हमारी पुरानी परम्परा है।

सिद्धार्थ : मान्यवर! बात-बात पर युद्ध और शस्त्र धारण की प्रवृत्ति से हमें बचना चाहिए। शस्त्र धारण और युद्ध के उन्माद से विश्वास के पुल टूट जाते हैं। छल, प्रपंच और षडयन्त्र

के दरिया में विवेक डूब जाता है। 'महाभारत' की विनाश कथा हमारे सामने है। युद्ध में सब कुछ खोने के बाद शान्ति की महत्ता समझ में आती है। इसलिए समय रहते हमें इस विषय पर अत्यन्त गम्भीरता से विचार करने की आवश्यकता है।

सेनापति : *(दाहिना हाथ उठाकर हिलाते हुए)* मान्यवर! हम क्षत्रिय हैं। क्षत्रिय सिर कटा सकते हैं, झुका नहीं सकते।

सिद्धार्थ : मान्यवर! कपिलवस्तु लोकतान्त्रिक परम्परा का राज्य है। इसमें झूठी शान की अपेक्षा लोक कल्याण और देश-हित ऊपर होता है। इसलिए लोक कल्याण और देश हित के लिए युद्ध नहीं होना चाहिए।

सभापति : *(चेतावनी की मुद्रा में)* प्रस्ताव और सुझाव दोनों पर ही विरोध कायम है इसलिए मत विभाजन की स्थिति आ गयी है। इसलिए सभी सदस्य गुप्त मतदान करें।

(सभी मतदान के लिए उठते हैं)

(पर्दा गिर जाता है।)

दृश्य-3

मतदान

स्थान : संथागार

समय : प्रातः 11:15 बजे

पात्र : 1. सभापति
2. सिद्धार्थ
3. सेनापति
4. सचिव
5. सदस्य 1
6. सदस्य 2
7. सदस्य 3
8. सदस्य 4
9. परिचर

[मंच पर एक ओर पर्दे की आड़ में दो पेटिकाएँ रखी हैं। इनमें एक खाली है। एक में लाल और हरे रंग की 'छन्द शलाकाएँ' (मतदान हेतु मतपत्र के रूप में प्रयोग की जाने वाली लकड़ी की गिट्टियाँ) रखी है। सदस्य मतदान के लिए आगे बढ़ रहे हैं।]

सभापति : लाल और हरे रंग की 'छन्द शलाकाएँ' उपस्थित सदस्यों की संख्या के बराबर-बराबर रखी गयी हैं। लाल रंग की 'छन्द शलाकाएँ' युद्ध प्रस्ताव के विरोध में और हरे रंग की 'छन्द शलाकाएँ' युद्ध प्रस्ताव के पक्ष में मतदान के रूप में मत पेटिका में डाली जायें।
(सदस्यगण गुप्त मतदान करते हैं।)

सदस्य-1 : [आगे बढ़कर टेबल के पास खड़ा हो जाता है फिर मतदान हेतु छन्द शलाका उठाकर मत पेटिका में डालता है।]

सदस्य-2 : आगे बढ़कर *(पर्दे की आड़ में टेबल पर रखी मत पेटिका में छन्द शलाका डालते हुए)*

सदस्य-3 : आगे बढ़कर *(पर्दे की आड़ में टेबल पर रखी मत पेटिका में मत डालते हुए)*

सदस्य-4 : आगे बढ़कर *(पर्दे की आड़ में टेबल पर रखी मत पेटिका में मत डालते हुए)*

सभापति : *(सचिव की ओर देखकर)* मतदान समाप्त हो गया। अतः मत पेटिका यहाँ लायी जाय।

(सभी के सामने छन्द शलाकाएँ गिनने का अभिनय कर उद्घोषणा करते हुए) राजकुमार सिद्धार्थ का सुझाव अमान्य हो गया। इसलिए अब युद्ध सामग्री के लिए 'विनियोग विधेयक' को पेश करने की कार्यवाही की जाये।

(सभी उठते हैं)

(पर्दा गिर जाता है।)

दृश्य-4

लेखानुदान

स्थान : संथागार

समय : प्रातः 11:30 बजे

पात्र : 1. सभापति
2. राजकुमार सिद्धार्थ
3. सेनापति
4. सचिव
5. सदस्य-1
6. सदस्य-2
7. सदस्य-3
8. सदस्य-4
9. भृत्य

[मंच पर एक ओर पर्दे की आड़ में टेबल पर तीन पेटियाँ रखी हैं। इनमें दो खाली हैं और तीसरी में लाल और हरे रंग की छन्द शलाकाएँ रखी हैं। सदस्य बैठे हैं।]

सेनापति : मान्यवर! चूंकि सदन ने युद्ध का प्रस्ताव पारित कर दिया है। अतः मैं सेना के लिए जवानों की भर्ती और युद्ध सामग्री के क्रय हेतु बजट का प्रस्ताव करता हूँ।

सिद्धार्थ : मान्यवर! युद्ध के लिए बहुमत के बावजूद मैं अनिवार्य सैनिक भर्ती का विरोध करता हूँ।

–अन्तराल–

सभापति : कृपया जारी रहें।

सिद्धार्थ : मान्यवर! शुरू होने के बाद युद्ध का अन्त नहीं होता। प्रतिशोध में युद्ध की तैयारी फिर होने लगती है। इस तरह एक युद्ध दूसरे युद्ध को जन्म देता है। देश का यौवन युद्ध में स्वाहा हो जाता है। बचपन बर्बादी के कगार पर पहुँच जाता है। बुढ़ापा बेसहारा हो जाता है। देश का भार वहन करने वालों का भार; देश को वहन करना पड़ता है। देश की प्रगति रुक जाती है। इसलिए देश-हित में युद्ध नहीं बल्कि पाँच सदस्यों *(दोनों तरफ के दो-दो प्रतिनिधि और तब उनके द्वारा एक अन्य सदस्य)* की पंचायत *(स्थायी दूतावास का पूर्वरूप)* पर विचार होना चाहिए।

सेनापति : *(खिल्ली उड़ाते हुए)* मान्यवर! आपने शाक्य संघ का सदस्य बनते वक्त वचन दिया था कि आप तन, मन और धन से शाक्य हितों की रक्षा करेंगे। आवश्यकता पड़ने पर शाक्य हितों के लिए जान की बाजी भी लगा देंगे।

सिद्धार्थ : मान्यवर! ये सही है कि मैंने तन, मन, और धन से शाक्य हितों की रक्षा का वचन दिया है। परन्तु मेरा मानना है कि युद्ध शाक्यों के हित में नही है।

सेनापति : *(उपहास करते हुए)* मान्यवर! शाक्य संघ का सदस्य बनते वक्त आपने ये भी वचन दिया था कि संघ के बहुमत का पालन न करने पर सार्वजनिक निन्दा सहेंगे।

सिद्धार्थ : हाँ मैंने वचन दिया है। शाक्यों के हित के लिए मैं कुछ भी सह सकता हूँ मगर मैं फिर कहता हूँ कि युद्ध कपिलवस्तु के हित में नहीं है।

–अन्तराल–

जहाँ तक युद्ध सामग्री क्रय करने का सवाल है इस विषय में भी मैं कहना चाहता हूँ कि किसानों की गाढ़ी मेहनत की कमाई से लगान के रूप में संग्रहीत कोष को युद्ध सामग्री के क्रय में खर्च करने की बजाय विवाद का विषय बने रोहिणी नदी के जल बँटवारे का स्थायी हल निकालने में किया जाये।

सेनापति : *(सभापति की ओर मुखातिव होकर)* मान्यवर! राजकुमार सिद्धार्थ विषय से भटक रहे हैं।

सिद्धार्थ : मान्यवर! मैं अपने विषय पर कायम हूँ। मैं कहना चाहता हूँ कि यदि हम अस्थायी बांध की बजाय स्थायी बांध का बदोबस्त कर लें तो समस्या हल हो जायेगी। इसमें कोलिय राज्य भी सम्मिलित हो जायेगा।

सेनापति : मान्यवर! राजकुमार सिद्धार्थ का प्रस्ताव दीर्घकालिक और अत्यन्त खर्चीला है।

सदस्य-2 : मान्यवर! कपिलवस्तु की प्रतिष्ठा को पहुँची ठेस का क्या होगा?

सिद्धार्थ : कपिलवस्तु की प्रतिष्ठा दोषियों को दण्ड दिलाने में भी तो बरकरार रह सकती है। हमें इसके लिए कोलिय राज्य से वार्ता करनी चाहिए।

सदस्य-3 : मान्यवर! हम युद्ध प्रस्ताव में इस विषय पर बहस कर चुके हैं। संथागार ने युद्ध प्रस्ताव पारित कर दिया है, अतः अब इस विषय पर समय न खराब किया जाये, बल्कि युद्ध साम्रगी के विनियोग प्रस्ताव पर बात की जाये।

सिद्धार्थ : मान्यवर! मैं शस्त्रों के अनावश्यक भण्डारण का विरोध करता हूँ, क्योंकि शस्त्र क्रूर होते हैं। वे आग में जलाकर घन की मार से बनाये गये होते हैं। इसलिए वे बेरहम और आग उगलने वाले होते हैं।

–अन्तराल–

शस्त्रों का उद्देश्य आतंक और हिंसा फैलाना होता है। उनकी कोई स्वतन्त्र सत्ता नहीं होती, बल्कि वे जिन सैनिकों के हाथ में होते हैं उनको भी चोट पहुँचाने में नहीं चूकते। उनका धर्म केवल हिंसा और आतंक फैलाना होता है।

–अन्तराल–

दुश्मन कौन है, यह तय करने का काम राज्य का होता है। राज्य का प्रतिनिधित्व संथागार कर रहा है। इसलिए

संथागार से हमारा अनुरोध है कि वह इस विषय पर भावनाओं की बजाय विवेक के आधार पर निर्णय ले।

सदस्य-4 : मान्यवर! हम युद्ध का निर्णय ले चुके हैं। अब केवल विनियोग प्रस्ताव पर ही बात होनी चाहिए।

सिद्धार्थ : मान्यवर! मैं यह कहना चाहता हूँ कि हमारा दुश्मन वो नहीं है, जिसे शस्त्र मार सकते हैं, बल्कि दुश्मन तो व्यक्ति के अन्दर भरा वह भाव है जिसे घृणा, अपमान, अन्याय, तिरस्कार और प्रतिशोध की भावना ने बनाया होता है और इन भावों को लोहे के हथियार खत्म नहीं कर सकते।

–अन्तराल–

हथियार खून-खराबा तो कर सकते हैं, लेकिन घाव नहीं भर सकते। हथियारों से जो घाव एक पल में हो जाते हैं, वे बरसों में भर पाते हैं। इसलिए मैत्री के वातावरण-निर्माण पर विचार किया जाये।

–अन्तराल–

शस्त्रों पर खर्च किये जाने वाले बजट को सुलह के साधनों और भविष्य में युद्ध की स्थितियाँ उत्पन्न न हों, इसके लिए खर्च करने हेतु स्वीकृत किया जाये।

सदस्य-3 : मान्यवर! हम यह प्रस्ताव पहले ही पास कर चुके हैं, अतः विषयान्तर कर सिद्धार्थ संथागार का समय बर्बाद कर रहे हैं।

सिद्धार्थ : मान्यवर! संथागार अभी भी युद्ध के उन्माद से भरा है, इसलिए मेरी बातें समझ में नहीं आती हैं। मैं पुनः संथागार से कहना चाहता हूँ कि हजारों वर्ष की हमारी सभ्यता, करुणा, दया, सहानुभूति, सौहार्द और मैत्री के भावों से विकसित हुई है, उन्हीं भावों ने हमें परिवार और समाज का सुख प्रदान किया है, लेकिन युद्ध में यह भाव वैमनस्यता, घृणा, द्वेष, तिरस्कार, अपमान और अन्याय में बदलकर हमारे समय की सबसे बड़ी चुनौती बन जाते हैं।

–अन्तराल–

सामाजिक विकास की शृंखला में विकसित राज्य जिसे हम धरती पर ईश्वर का अवतरण मानते हैं, जिसके कारण कमज़ोर और बलवान सब मिलजुलकर एक-साथ रह सकते हैं। उस राज्य के प्रति दैवीय भाव भी संशय के दायरे में आ जायेगा, इसलिए मेरा पुनः आग्रह है कि शस्त्रों की खरीद के लिए विनियोग विधेयक पारित न किया जाये।

–अन्तराल–

मैं यह भी कहना चाहता हूँ कि विचारणीय विनियोग विधेयक में सैनिकों के पुनर्वास का कोई प्रस्ताव नहीं है, इसलिए मैं प्रस्तावित विनियोग विधेयक का विरोध करते हुए सदन से अनुरोध करता हूँ कि युद्ध विनियोग विधेयक पारित न किया जाये।

सभापति : युद्ध हेतु सैनिक भर्ती प्रस्ताव पर मतभेद जारी है। अतः मतविभाजन आवश्यक है।

[सभी मतदान के लिए उठकर एक ओर पर्दे की आड़ में रखी मतपेटिकाओं में 'छन्द शलाका' डालकर मतदान करते हैं।]

सचिव : (सभापति की ओर देखते हुए) मान्यवर! मतदान समाप्त हुआ।

सभापति : *(सचिव की ओर देखते हुए)* मतदान पेटिका यहाँ लायी जाये।

[भृत्य मतपेटिका लाकर सभापति की टेबल पर रखता है। सभापति गिनने का अभिनय करते हैं। फिर उद्घोषणा करते हैं कि युद्ध हेतु सैनिक भर्ती प्रस्ताव के पक्ष में दो तिहाई मत पड़े हैं। अतः भर्ती प्रस्ताव पारित हुआ।]

सेनापति : *(सभापति की ओर देखते हुए)* मान्यवर! दो बार हुए मतदान ने साबित कर दिया है कि बहुमत युद्ध के पक्ष में है और राजकुमार सिद्धार्थ ने न सिर्फ बहुमत का अनादर किया है बल्कि 'शाक्य संघ' के समक्ष शाक्य हितों के लिए प्राणों को बलिदान करने की शपथ भी

तोड़ी है। यह शाक्य संघ की अवमानना है और शाक्य संघ की अवमानना दण्डनीय है। इसलिए मैं संथागार से दरुख्वास्त करता हूँ कि अवमानना के मुद्दे पर सदन चर्चा करे और दण्ड-विधान के अनुसार दोषी को दण्ड दे।

सभापति : अवमानना के विषय पर चर्चा हेतु हम सब कल मिलेंगे।

(सभी का इधर-उधर प्रस्थान)

(पर्दा गिर जाता है।)

दृश्य-5

अवमानना

स्थान : संथागार

समय : प्रातः 11:00 बजे

पात्र : 1. सभापति
2. राजकुमार सिद्धार्थ
3. सेनापति
4. सचिव
5. सदस्य-1
6. सदस्य-2
7. सदस्य-3
8. सदस्य-4
9. भृत्य

[मंच पर सभापति, सेनापति और संथागार के अन्य सदस्य बैठे हैं। सभापति के आते ही सभी उठकर उन्हें अभिवादन करते हैं।]

सभापति : *(सचिव की ओर देखकर)* कार्यवाही प्रारम्भ की जाये।

सचिव : मान्यवर! संथागार को राजकुमार सिद्धार्थ द्वारा बहुमत एवं 'शाक्य संघ' की अवमानना किये जाने के संदर्भ में विचार करना है।

सेनापति : मान्यवर! राजकुमार सिद्धार्थ ने न सिर्फ बहुमत का अनादर किया है बल्कि 'शाक्य संघ' के समक्ष शाक्य हितों के लिए प्राणों को बलिदान करने की शपथ भी तोड़ी है।

यह 'शाक्य संघ' की अवमानना है और 'शाक्य संघ' की अवमानना दण्डनीय है।

सभापति : *(सचिव की ओर देखकर)* 'शाक्य संघ' के प्राविधान के मुताबिक बहुमत का अनादर करने पर दण्ड दिये जाने की भी व्यवस्था है। सचिव कृपया बहुमत की अवमानना पर दिये जाने वाले दण्ड के प्राविधान से अवगत करायें।

सचिव : मान्यवर! सदन में बहुमत की अवमानना पर 'शाक्य संघ' 'सार्वजनिक निन्दा' करते हुए सामाजिक बहिष्कार/सम्पत्ति जब्त अथवा कोसल नरेश के अनुमोदन के उपरान्त देश निकाला/प्राण दण्ड भी दे सकता है।

सेनापति : मान्यवर! राजकुमार सिद्धार्थ द्वारा 'शाक्य संघ' की सदस्यता ग्रहण करते समय 'शाक्य संघ' के नियमों का अक्षरशः पालन करने और शाक्य-हित में प्राणों का बलिदान भी करने की शपथ ली गयी थी परन्तु कपिलवस्तु के शाक्यों के हितों की अवहेलना और उनके मानमर्दन की स्थिति में भी बच निकलने का कायरतापूर्ण निर्णय लिया गया है।

सिद्धार्थ : मैंने कहा है कि मैं शाक्य-हित में कुछ भी कर सकता हूँ लेकिन मैं फिर कहता हूँ कि युद्ध शाक्य-हित में नहीं है।

सेनापति : मान्यवर! अब यह विवाद का प्रश्न नहीं रह गया है कि युद्ध करने का निर्णय सही है या गलत। संथागार द्वारा गहन विचार-विमर्श और मतदान के उपरान्त युद्ध का निर्णय लिया जा चुका है। संथागार का निर्णय बहुमत का निर्णय है। अतः बाध्यकारी *(मन्डेटरी)* है। इसलिए अब केवल दण्ड दिये जाने पर ही केन्द्रित रहा जाय। सचिव द्वारा दण्ड के प्राविधान से भी संथागार को अवगत कराया जा चुका है।

–अन्तराल–

शायद आपको यह विश्वास है कि कोसल नरेश की आज्ञा के बिना 'शाक्य संघ' अपने आदेशों की अवमानना करने वाले को सजा नहीं दे सकता। *(कपिलवस्तु को 'होमरूल'*

की स्वायत्तता प्राप्त थी। अतः किसी को प्राण दण्ड देने अथवा देश निकाला देने का अधिकार नहीं था। इसके लिए कोसल नरेश की अनुमति आवश्यक थी) इसीलिए इतना बोल रहे हो। लेकिन याद रहे कि 'शाक्य संघ' कोसल नरेश की अनुमति के बिना ही आपके परिवार का सामाजिक बहिष्कार और सम्पत्ति को जब्त कर सकता है।

सिद्धार्थ : मान्यवर! जिस सजा की बात आप कर रहे हैं उसका अपराध मैंने ही किया है। मेरे परिवार ने नहीं। इसलिए न तो आप उनके सामाजिक बहिष्कार की बात सोचें और न ही उनकी सम्पत्ति जब्त करने के बारे में। जो भी दण्ड देना है मुझे दें।

सेनापति : मान्यवर! ऐसी स्थिति में जो दण्ड राजकुमार सिद्धार्थ के लिए बनता है वह देश निकाला अथवा प्राण दण्ड ही बचता है लेकिन इसके लिए कोसल नरेश की अनुमति आवश्यक है।

सिद्धार्थ : मान्यवर! मैं आपका धर्म संकट समाप्त कर देता हूँ। मैं परिव्राजक *(समाज सेवा के लिए परिवार त्याग देने वाला)* बन जाऊँगा और देश के बाहर चला जाऊँगा। वह भी तो देश निकाला ही होगा।

सेनापति : लेकिन जब कोसल नरेश को पता चलेगा तो वह निश्चित तौर पर मान लेंगे कि राजकुमार को ये दण्ड 'शाक्य संघ' ने ही दिया होगा और वह उनका अनुमोदन न लिए जाने के कारण 'शाक्य संघ' के खिलाफ कार्यवाही कर देंगे।

–अन्तराल–

(खिल्ली उड़ाने की मुद्रा में सिर हिलाते हुए) बहुत होशियार हैं राजकुमार आप। चित भी मेरी; पट भी मेरी और टइया मेरे बाप का। आपने ये बात इसलिए कही है क्योंकि प्राविधान के मुताबिक माता-पिता और पत्नी की अनुमति आवश्यक है और माता-पिता एवं पत्नी से अनुमति मिलेगी नहीं और फिर संघ के दण्ड से भी बच जायेंगे।

सिद्धार्थ : मान्यवर! मेरी ये भरसक कोशिश होगी कि मैं उन्हें अनुमति के लिए सहमत कर सकूँ। मुझे विश्वास है कि मैं अपनी कोशिश में कामयाब होऊँगा। मैं वचन देता हूँ कि मैं तुरन्त राज्य छोड दूँगा। जीवन के इस मोड़ पर भी मैं यही कहूँगा कि लोक कल्याण के लिए निर्णय जोश की बजाय होश में लिए जायें।

(सिद्धार्थ का प्रस्थान होते ही सभा विसर्जित हो जाती है।)

(पर्दा गिर जाता है।)

अंक चतुर्थ

दृश्य-1

मोड़

स्थान : राजपथ

समय : अपराह्न 1:30 बजे

पात्र : 1. सिद्धार्थ
2. छन्न
3. वृद्ध
4. रोगी
5. शव
6. सन्यासी
7. दरबान
8. कन्थक

[मंच पर सिद्धार्थ अपने घोड़े कन्थक पर सवार होकर विचार मुद्रा में छन्न के साथ जाते हुए]

वृद्ध : *(डण्डे के सहारे झुककर चलते-चलते राजपथ की ओर देखते हुए)* बुढ़ापे ने बेकार कर दिया, जवानी में हम भी ऐसी ही दुल्की *(घोड़े की चाल)* चाल चलते थे।

सिद्धार्थ : *(वृद्ध की ओर देखकर छन्न से)* मित्र छन्न! क्या तुम महसूस करते हो कि बुढ़ापे में आदमी ज़िन्दगी जीता नहीं बल्कि खींचता है।

छन्न : जी राजकुमार! आप सही कर रहे हैं। बुढ़ापा ज़िन्दगी का सारा मजा किरकिरा कर देता है। लेकिन आदमी करे क्या?

सिद्धार्थ : *(राजपथ के किनारे-किनारे चारपाई पर लादकर ले जाये जा रहे रोगी को देखकर छन्न से)* मित्र छन्न! रोग बलिष्ठ

शरीर को भी असहाय बना देता है। उछलता-कूदता आदमी दूसरों के कन्धों पर लदने के लिए मजबूर हो जाता है।

छन्न : जी राजकुमार! आप बिल्कुल सही कह रहे हैं। आम आदमी की तो बात छोड़ दो, रोग से वैद्य भी डरते हैं। रोग बचपन, जवानी कुछ नहीं देखता है। कितने ही लोग इसकी भेंट चढ़ जाते हैं।

सिद्धार्थ : *(राजपथ के किनारे-किनारे जा रहे शव-यात्रा के दृश्य को देखते हुए छन्न से)* मित्र छन्न! ये भीड़ कैसी है?

छन्न : राजकुमार! ये शव-यात्रा है। लोग शव को लेकर दाह-क्रिया हेतु शमशान जा रहे हैं।

सिद्धार्थ : मित्र छन्न! मार्ग की ये घटनाएँ हमें ये संकेत दे रही हैं कि वक्त बहुत तेजी से भागता है। बुढ़ापे और मृत्यु की ओर निरन्तर बढ़ रही जवानी कभी भी रोग ग्रस्त हो सकती है। इसलिए शुभ कार्य करने में देरी नहीं करनी चाहिए।

सन्यासी : [शान्त चित्त भाव में कुछ मनन करते हुए]

सिद्धार्थ : *(राजपथ के किनारे बैठे सन्यासी की ओर देखकर छन्न से)* मित्र छन्न! क्या आपने इस सन्यासी के चेहरे के भाव देखे?

छन्न : जी राजकुमार! बिल्कुल निर्विकार, निश्छल और निश्चिन्तता के भाव हैं।

सिद्धार्थ : या वात्सल्य सा राग-द्वेष से मुक्त भाव प्रवणता का सुख?

छन्न : जी राजकुमार! बिल्कुल वात्सल्य सा राग-द्वेष से मुक्त निश्चिन्तता का भाव है उसके चेहरे पर। *(अपने घोड़े से उतरकर कन्थक की लगाम थामते हुए)*

दरबान : [दौड़कर राजकुमार को उतरने में सहायता करते हुए]
(सिद्धार्थ का मंच से प्रस्थान)

(पर्दा गिर जाता है।)

दृश्य-2

वात्सल्य

स्थान : शुद्धोदन का महल

समय : अपराह्न 2:30 बजे

पात्र : 1. शुद्धोदन

2. गौतमी

3. यशोधरा

4. राहुल

[उदास चेहरा लिए गौतमी बैठी है, सिद्धार्थ की प्रतीक्षा में मुख नीचे किये पैरों की ओर देखते हुए कभी लम्बी-लम्बी डगों में और कभी धीमी चाल में टहलते हुए शुद्धोदन के समक्ष अचानक सिद्धार्थ का प्रवेश]

शुद्धोदन : *(सिद्धार्थ को ज़ोर से गले लगाते हुए)* बेटा तुमने ये... ये...क्या...*(गला रुँध गया)*। (सँभलते हुए) संथागार में आज जो जो घटित हुआ; हमें सब मालूम हो गया है। हम तो तुम्हें युद्ध के दुष्परिणाम बताया करते थे; लेकिन तुमने ये...ये क्या..., *(दाहिने हाथ का पंजा घुमाते हुए और सिर झुकाते हुए शान्त हो जाते हैं, गला रुँध जाता है, फिर सँभल कर)* बेटा! राजनीति में अपना अस्तित्व सुरक्षित रखना पहली शर्त होती है लेकिन तुमने खैर ...और ये तुमने कैसे सोच लिया कि मैं तुम्हें जाने की इजाजत दे दूँगा।

गौतमी : *(रोते हुए)* बेटा सबको छोड़कर तू कैसे जायेगा? कौन तुझे खाना खिलायेगा? कौन तुझे सुबह उठायेगा? कैसे

तू कठोर धरती पर सोएगा? कौन तेरी देखभाल करेगा? *(ये कहते-कहते गौतमी फफक-फफक कर रोने लगती है)* तुमने कैसे सोच लिया कि कोई माँ अपने बेटे को ऐसी दुर्दशा के लिए इजाजत दे देगी।

शुद्धोदन : *(रुआँसे होकर)* जो हाथ सदैव दान देने के लिए आगे बढ़ते थे वह कैसे अब दान लेने के लिए आगे बढ़ेंगे।

सिद्धार्थ : संथागार युद्ध के उन्माद में इतना उत्तेजित था कि उस पर शान्ति वार्ता का कोई असर ही नहीं हुआ लेकिन आपको गर्व होना चाहिए कि आपका बेटा सत्य, अहिंसा और न्याय की राह से नहीं भटका।

शुद्धोदन : बेटा! तुमने कभी सोचा होता कि माँ-बाप पर क्या गुजरेगी? यशोधरा पर क्या बीतेगी? और राहुल तो अभी अबोध है।

सिद्धार्थ : तीन दण्ड *(सामाजिक बहिष्कार, देश निकाला और खेतों को जब्त कराना)* में से प्रवृज्या, जो एक प्रकार का देश निकाला ही है, मुझे उपयुक्त लगी। परिवार का सामाजिक बहिष्कार और खेतों की जब्ती मेरे लिए बहुत दुःखदायी होती क्योंकि तथाकथित मेरे गुनाह की सजा परिवार को भुगतनी पड़ती। इसलिए मैंने सोच समझकर प्रवृज्या को स्वीकार किया है। इसलिए मुझे जाने की अनुमति दीजिए।

गौतमी : हम तुम्हारे बिना यहाँ क्या करेंगे? सारा परिवार ही शाक्य जनपद का त्याग कर बाहर चल देते हैं।

सिद्धार्थ : *(ढाँढस बँधाते हुऐ)* माँ तुम कैसी क्षत्राणी हो? तुम्हें फ़क्र होना चाहिए कि तुम्हारे बेटे ने जो किया है वह जनहित में किया है। सोचो अगर 'संथागार' के आदेश पर मैं युद्ध में जाता और वीरगति को प्राप्त होता तब...। प्रवृज्या में कम से कम आपका बेटा जीवित तो रहेगा। इसलिए माँ मुझे अनुमति दीजिए।

गौतमी : बेटा! तुम्हारे पिता ने तुम्हारे सुख के लिए ऋतुओं के मुताबिक तीन महल बनवाये थे वह सब छोड़कर जंगली जानवरों के बीच तू कैसे रहेगा? मैं तो सोच भी नहीं

पाती। सोते वक्त चीटियाँ, बिच्छु *(कहते-कहते गला रुँध जाता है फिर सँभलकर)*.....! हम सब शाक्य जनपद *(कपिलवस्तु)* छोड़कर कोसल नरेश की अधीनता में उनके जनपद में चलकर बस सकते हैं।

शुद्धोदन : हमारे परिवार के इतिहास में कुछ पूर्वज सन्यासी बने हैं लेकिन पचास वर्ष की उम्र पार करने पर। सारे देश की आशाएँ तुम पर टिकी हैं। तुम्हारा पुत्र भी अभी अबोध है।

गौतमी : बेटा! तुम अपनी मातृभूमि, माँ-बाप, पत्नी और उस अबोध बच्चे का भी तो ख्याल करो, जिसकी आँखें तुम्हें तलाशेंगी और बड़ा होकर जब तुम्हारे बारे में पूछेगा तो हम क्या बतायेंगे?

[कहते-कहते फफक-फफक कर रो पड़ती है।]

शुद्धोदन : *(उठकर सिद्धार्थ का हाथ पकड़कर)* तुम जानते हो कि तुम्हारी मुझे कितनी जरूरत है? मैंने सारी आशाएँ तुम पर ही केन्द्रित कर रखी हैं। (रुआँसे होकर) बेटा! मुझे यों छोड़कर जाने की बात मत कहो, मत कहो। *(कहते-कहते उनका गला रुँध जाता है)*

–अन्तराल–

(सँभलकर) तुम इसके लिए इतने उतावले क्यों हो?

सिद्धार्थ : क्योंकि मेरे जाने और युद्ध में कुछ अन्तराल जरूरी है ताकि कोसल नरेश दोनों घटनाओं को जोड़ कर शाक्य संघ (संथागार) को दण्डित न कर दे। इसलिए 'शाक्य संघ' के हित में मैंने सदन को यह वचन दिया है कि कोसल नरेश को अपनी प्रवृज्या का संज्ञान भी दिये बगैर मैं तुरन्त कपिलवस्तु छोड़ दूँगा इसलिए अब मुझे आज्ञा और आशीर्वाद दीजिए।

शुद्धोदन : लेकिन अपने प्रणय को जीवन भर साथ देने का वचन और पितृत्व का दायित्व कैसे निभाओगे?

सिद्धार्थ : वैयक्तिक प्रणय समष्टिक प्रणय का अंश मात्र है। मेरा प्रस्थान प्यार के विस्तार हेतु ही है इसलिए मैं समस्त प्राणियों के प्रति प्रेम के विस्तार द्वारा अपने वैयक्तिक

प्रणय और समस्त प्राणी जगत के प्रति पितृत्व भाव के विस्तार द्वारा अपने दायित्वों का निर्वाह करने की कोशिश करूँगा।

[सिद्धार्थ के दार्शनिक उत्तर सुनकर गौतमी और शुद्धोदन निरुत्तर हो जाते हैं। नियति के सामने बेवश और अवाक खड़े हैं।]

(राजकुमार सिद्धार्थ का प्रस्थान)

(पर्दा गिरता है)

दृश्य-3

दायित्व

स्थान : यशोधरा का कक्ष
समय : अपराह्न 3:00 बजे
पात्र : 1. यशोधरा
2. राहुल
3. सिद्धार्थ

[यशोधरा मुँह लटकाए हुए सोते शिशु राहुल के पास बैठी है।]

सिद्धार्थ : अचानक सिद्धार्थ का प्रवेश- कुछ देर तक दोनों अपलक एक दूसरे को देखते हैं; बोलने की कोशिश करते हैं पर शब्द बाहर नहीं निकलते।

यशोधरा : *(सँभलकर मौन तोड़ती हुई)* संघ की सभा में जो कुछ हुआ; मुझे मालूम हो गया है। उन लोगों ने तो विरोध की सारी हदें पार कर दीं।

सिद्धार्थ : गोपा! तुम मेरी जीवन संगिनी हो, तुमसे ज्यादा मुझे कौन समझेगा। युद्ध के उन्माद में उन्हें शान्ति की बात पसन्द ही नहीं आयी।

यशोधरा : *(रूआँसी आवाज़ में)* लेकिन जो हुआ है वह अच्छा नहीं हुआ। काश ऐसा न हुआ होता। हम हतप्रभ हैं; समझ में नहीं आता क्या करें, क्या न करें।

सिद्धार्थ : गोपा! मेरे पास इसके अलावा कोई और विकल्प था भी नहीं। मैं अपने गुनाह के लिए परिवार का बहिष्कार और सम्पत्ति जब्त नहीं करा सकता था। अब जो भी

स्थिति है उसका वीरतापूर्वक मुकाबला करना है।

यशोधरा : लेकिन तुम्हारे बिना मैं कैसे रहूँगी? राहुल को कैसे पालूँगी? *(कहते कहते गला रुँध जाता है।)*

सिद्धार्थ : *(ढाँढस बँधाते हुए)* तुम क्षत्राणी हो। तुम्हारे धैर्य की परीक्षा है। इस तरह तुम्हारा अधीर होना तुम्हें शोभा नहीं देता। मेरी अर्धांगिनी होने के नाते अब तुम्हें माँ, बाप और राहुल का ख्याल रखना है।

यशोधरा : *(रुँधे गले से)* मैं भी कैसी अर्धांगिनी? राहुल और माँ-बाप की जिम्मेदारी देकर आपने अपने साथ प्रवृज्जित होने का मुझे मौका भी नहीं दिया। राहुल अभी अबोध है। उसके बचपन को आपके वात्सल्य की आवश्यकता है। *(कहते-कहते फफक-फफक कर रो पड़ती है।)*

सिद्धार्थ : गोपा! आप सही कह रही हैं लेकिन यदि युद्ध होता और युद्ध में मुझे कुछ हो जाता तो भी तो ऐसी स्थिति आ सकती थी।

यशोधरा : *(सिद्धार्थ के मुँह पर हाथ रखते हुए)* शुभ-शुभ बोलो राजकुमार! राहुल भले ही अभी कुछ कह नहीं सकता परन्तु उसकी आँखों में तो झाँक कर देखो; उसे आपकी कितनी आवश्यकता है।

सिद्धार्थ : *(अपनी भावनाओं को वश में करके पिता के वात्सल्यपूर्ण भाव से राहुल के ऊपर वात्सल्यपूर्ण दृष्टि डालते हुए)* इसे माँ और बाप दोनों का प्यार देना ताकि उसे पिता की कमी न खले।

यशोधरा : आपने तो बड़ी आसानी से कह दिया लेकिन हमारी समझ में नहीं आता कि हम क्या करें?

सिद्धार्थ : मानव जीवन एक नाटक की तरह है जिसमें कभी-कभी ऐसी विपरीत परिस्थितियाँ उत्पन्न हो जाती हैं जिनका हल भले ही न समझ में आये, लेकिन परिस्थितियाँ अपने आप अपने रास्ते निकाल लेती हैं।

यशोधरा : आज अचानक जो परिस्थिति मेरे सामने उत्पन्न हुई है उसमें हम और हमारे बेटे का भविष्य अंधकार से भर गया है।

सिद्धार्थ : सुख और दुख, संयोग और वियोग जीवन के अभिन्न अंग हैं। हम न तो साथ पैदा हुए और न ही साथ मरेंगे। इसलिए कभी न कभी हम दोनों में से किसी न किसी को वियोग की स्थिति से भी जूझना पड़ सकता है। अभी तो बस प्रवृज्या की बात है जीवन समाप्त होने की कोई बात नहीं है।

यशोधरा : आप आज जिन बातों को लेकर बैठ गये हैं क्या आप समझ सकते हैं कि अर्द्धांगिनी होने के नाते मुझ पर क्या बीत रही है?

सिद्धार्थ : गोपा! समय बहुत तेजी से भाग रहा है। जीवन में शैशव के बाद यौवन और यौवन के बाद वृद्धावस्था कब आ जाती है पता भी नहीं चलता। ऐसे में हमें जीवन में आने वाली व्यथाओं के प्रति जागरूक रहना चाहिए।

यशोधरा : हमारी समझ में कोई भी बात नहीं आ रही है। कल जब राहुल आपके बारे में हमसे पूछेगा तो हम क्या बतायेंगे। *(यह कहते-कहते यशोधरा का गला रुँध जाता है।)*

सिद्धार्थ : *(यशोधरा को ढाँढस बँधाते हुए)* प्रवृज्या में भी हम भले न तुम्हारे साथ रहें पर इस संसार में अवश्य रहेंगे। यह सोचकर आप अपने को हिम्मत दें, क्योंकि युद्ध में तो कुछ भी हो सकता है। राहुल के संरक्षण के लिए मेरे अतिरिक्त परिवार के सभी सदस्य सदैव आपके साथ रहेंगे।

यशोधरा : [रोते-रोते मूर्छित होने लगती है।]

सिद्धार्थ : *(सहारा देते हुए यशोधरा के साथ बैठ जाते हैं और जल लाकर अपने हाथ से पिलाते हैं और ढाँढस बँधाते हुए)* गोपा! तुम हिम्मत से काम लो। समय बहुत तेजी से भागता है। धीरे-धीरे सब कुछ बदल जाता है। हमारा यौवन भी हमेशा ऐसा नहीं रहेगा। संयोग और वियोग एक ही सिक्के के दो पहलू हैं। इसलिए वियोग की घड़ियों को सोचकर विचलित न होओ।

—अन्तराल—

कुछ पल के अन्तराल के बाद गहरी साँस लेकर) गोपा!

मैं तुम्हें याद दिलाना चाहता हूँ कि वृद्धावस्था, बीमारी की व्यथा और मौत के खौफ से त्रस्त जनता के कष्टों के बारे में हम पहले भी बात करते रहे हैं। मेरा विश्वास है कि राजसत्ता इन समस्याओं का हल नहीं निकाल सकती। इसीलिए मैंने तुम्हें पहले ही बताया था कि मेरा मन राजकीय वैभव में रमता नहीं है। यहाँ तरह-तरह के षडयन्त्र चलते रहते हैं।

–अन्तराल–

तुम्हें याद होगा कि मेरा निर्णय ऐसे ही सद्‌धर्म की खोज के लिए पहले से ही था। आज की घटना ने मेरे पूर्व निर्णय को कार्य रूप में परिणित होने का अवसर प्रदान कर दिया।

–अन्तराल–

(गहरी साँस लेते हुए) जीवन नित्य नहीं है। हम संसार के इसी छोर पर मिले हैं और एक-दूसरे के जीवन में इस तरह घुल-मिल गये कि अब जीवन के दूसरे पक्ष के बारे में सोचना भी हमारे लिए दुस्वार है, लेकिन जो जीवन का सच है उसे हम झुठला नहीं सकते। अब हिम्मत से काम लो और राहुल को माँ और बाप दोनों का प्यार देना ताकि उसे पिता की कमी न खले। अब मुझे अनुमति दीजिए।

यशोधरा : *(रूँधे हुए गले से रोते-रोते)* मैं जानती हूँ कि तुम्हारा निर्णय बदल पाना मेरे वश में नही है। इसलिए इतना अवश्य कहना चाहती हूँ कि तुमने जब शान्ति और सह अस्तित्व के लिए इतना बलिदान पूर्ण निर्णय लिया है तो ऐसे मार्ग का अन्वेषण करना जो आपके संक्रमण को पूरी मानव सभ्यता के लिए कल्याणकारी साबित कर सके। *(कहते-कहते फफक-फफक कर रो पड़ती है।)*

(राजकुमार सिद्धार्थ का प्रस्थान)

(पर्दा गिर जाता है।)

दृश्य-4

संक्रमण

स्थान : भारद्वाज आश्रम

समय : अपराह्न 3:30 बजे

पात्र : 1. पुरोहित
2. सिद्धार्थ
3. छन्न
4. शुद्धोदन
5. गौतमी
6. महानाम
7. दर्शक-1
8. दर्शक-2
9. दर्शक-3
10. दर्शक-4

[मंच पर दर्शक 1, 2, 3, 4 खड़े है। पुरोहित के पास मुँह लटकाए शुद्धोदन और गौतमी बैठे हैं। मंच के पीछे से घोड़े की टापों की आवाज़ फिर 'कंथक' घोड़े के हिनहिनाने की आवाज़। सारथी छन्न के साथ राजकुमार सिद्धार्थ का मंच पर प्रवेश]

सिद्धार्थ : *अपनी भावनाओं को वश में करके माँ-बाप की ओर बढ़कर* माँ, पिताश्री हमें आशीर्वाद दें।

गौतमी : गला रुँधे होने की स्थिति में बेटे को गले से लगाती है तो अश्रुधारा बेटे के कन्धों पर गिर पड़ती है।

शुद्धोदन : गला रुँधे होने का स्थिति में बेटे को गले से लगाते हैं। अश्रुधारा बेटे के कन्धो पर गिर जाती है।

सिद्धार्थ : *(छन्न की ओर जाकर गहने और वस्त्र पकड़ाते हुए)* मित्र छन्न! लो, ये तुम्हारे मित्र राजकुमार सिद्धार्थ के गहने और वस्त्र हैं।

छन्न : रुँधे गले से बोले बगैर राजकुमार सिद्धार्थ के गले लग जाता है।

सिद्धार्थ : *(महानाम से कमण्डल और चीवर ग्रहण कर आश्रम में बैठे पुरोहित की ओर बढ़ते हुए)* प्रणाम गुरुदेव!

पुरोहित : *(जल छिड़कते हुए जम्हाई ले-लेकर आँखें बन्द कर मौन वन्दन और फिर इसके बाद लोक कल्याण के लिए एक श्लोक बोलते हैं)* ''सर्वे भवन्तु सुखिना, सर्वे सन्तु निरामयः;
सर्वे भद्राणि पश्यन्ति, मा कश्चिद् दुःख भाग भवेत्''
[चीवर अर्थात गेरुआ वस्त्र कन्धे पर डाल कर कमण्डल हाथ में पकड़ाते हुए। परिव्राजक बने सिद्धार्थ के निर्वासन की ओर बढ़ने पर अश्रुपूरित आँखों से सभी विदा करते हैं।]

(मंच से परिव्राजक (सिद्धार्थ) का प्रस्थान)

(पर्दा गिर जाता है।)

दृश्य-5

निर्वासन

स्थान : अनोमा नदी तट

समय : सायं 5:30 बजे

पात्र : 1. परिव्राजक (सिद्धार्थ)
2. छन्न
3. कन्थक

[मंच पर परिव्राजक सिद्धार्थ और छन्न उपस्थित हैं। मंच के पीछे से कंथक के हिनहिनाने की बार-बार आवाज़ आती है।]

सिद्धार्थ : मित्र छन्न! अनोमा नदी तक साथ चलने का आपका आग्रह मैंने स्वीकार किया था। अनोमा आ गयी। अब कन्थक *(घोड़े)* के साथ घर लौट जाओ। तुम्हारे जैसा मित्र पाकर मैं धन्य हूँ; परन्तु मुझे खेद है कि ऐसी स्थिति में आज मैं तुम्हारे लिए कुछ कर नहीं सकता।

छन्न : *(अश्रुपूरित आँखों में हाथ जोड़े शान्त खड़े होकर)* स्वामिन! कभी जाने अनजाने कोई गलती हो गयी हो तो क्षमा कर दीजिएगा।

सिद्धार्थ : मित्र! कपिलवस्तु जाकर मेरी माँ से कहना मेरे लिए उसका वात्सल्य अवर्णनीय रहा है। मैं ही उसके स्नेह के अयोग्य साबित हुआ।

–अन्तराल–

पिता से कहना मैंने कुछ जल्दी ही गृह त्याग कर दिया लेकिन शुभ कार्य में देरी नहीं करनी चाहिए।

–अन्तराल–

यशोधरा से कहना संयोग कितना भी दीर्घकालिक क्यों न हो, वियोग निश्चित है। इसलिए अनिवार्य वियोग के लिए अनुताप न करे।

–अन्तराल–

कपिलवस्तु के लोगों से कहना कि मैं कोलियों से उनके झगड़े को भले न निपटा सका लेकिन वे यदि शान्तिपूर्ण समझौते के लिए जनमत तैयार कर सकें तो लोक कल्याण के लिए अच्छा होगा।

–अन्तराल–

सम्बन्धियों से कहना वह मेरे प्रति स्नेह से दुःखित न हों एक न एक दिन तो अलग होना ही होता है। पक्षी रात्रि विश्राम के लिए पेड़ पर इकट्ठे होते हैं और फिर सुबह भिन्न-भिन्न दिशाओं में उड़ जाते हैं।

–अन्तराल–

(गहरी साँस लेकर सिर हिलाते हुए) मित्र छन्न! वियोग-अवश्यंभावी है। कभी संयोग तो कभी वियोग। ये संसार इन दोनों भावों के साथ इसी तरह गतिमान है। प्राणियों के लिए वियोग अनिवार्य है। और वियोग में क्षोभ स्वाभाविक है। इसलिए अब अधिक कुछ सोचे बगैर तुम 'कन्थक' के साथ घर लौट जाओ।

छन्न : *(रुँधे हुए गले की स्थिति में हाथ जोड़कर)*... स्वामिन! हमें आपसे बिछुड़ने का बहुत क्षोभ है। लेकिन आपने अब मुझे कुछ कहने को छोड़ा ही नहीं है। *(पार्श्व से घोड़े कन्थक की हिनहिनाने की आवाज़ सुनकर)* मेरे साथ कन्थक भी आपको प्रणाम करता है।

(दोनों का अलग-अलग दिशाओं में प्रस्थान)

(पर्दा गिर जाता है।)

दृश्य-6

क्षोभ

स्थान : राजमहल

समय : 4.30 बजे

पात्र : 1. छन्न
2. शुद्धोदन
3. गौतमी
4. यशोधरा
5. स्त्री-1, 2, 3
6. भृत्य-1, 2

[शुद्धोदन, गौतमी, यशोधरा और कुछ स्त्रियाँ छन्न के वापस आने के इन्तजार में आपस में बातें करते हुए]

स्त्री-1 : *(दायें हाथ की कोहनी को अपने घुटने पर टिकाए हथेली पर ठोड़ी रखे हुए)* हो सकता है राजकुमार वापस आ जांय।

स्त्री-2 : *(दायें हाथ की कोहनी को अपने घुटने पर टिकाए हथेली पर ठोड़ी रखे हुए)* छन्न उनका दोस्त है। हो सकता है राजकुमार उसकी बात मान जाय।

स्त्री-3 : *(बदहवास बैठी यशोधरा को समझाने का अभिनय करते हुए)* बच्चे की तोतली वानी पर तो शत्रु भी मुग्ध हो जाते हैं। हो सकता है राजकुमार उसका ख्याल करके वापस लौट आयें।

स्त्री-2 : (मुँह बनाकर) जंगल में राजकुमार कैसे रहेंगे? कड़कड़ाती

सर्दी में, चिलचिलाती धूप में और मूसलाधार बारिस में राजकुमार को तीनों महल बहुत याद आयेंगे।

स्त्री-1 : *(गौतमी से)* राजकुमार भावुक हैं। उन्हें जैसे ही याद आयेगी कि माँ महामाया के चले जाने पर जन्म के सातवें दिन से आप पाल रहीं थी तो राजकुमार का भावुक मन उन्हें लौटा लाएगा।

भृत्य-1 : *(शुद्धोदन से)* महाराज! राजकुमार तो बचपन से ही बड़े दयालु हैं। आपको ध्यान होगा एक घायल पक्षी उनके पास गिरा था। राजकुमार ने उसका तीर निकाला। पट्टी बांधी। पानी पिलाया। अपनी चादर में छिपाकर गर्मी दी थी। शिकार करने वाला उनका चचेरा भाई देवदत्त जब ये बोला था कि पक्षी मैंने मारा है। शिकार के नियम के मुताबिक शिकार का स्वामी मारने वाला होता है; तब राजकुमार बोले थे शिकार का ये नियम सर्वथा गलत है। हत्यारा कैसे किसी का स्वामी हो सकता है?

भृत्य-2 : राजमहल में उस दिन चल रहे न्यायालय ने भी राजकुमार की ही बात को मान्यता दी थी।

भृत्य-1 : *(शुद्धोदन से)* महाराज! एक बार जब उनके मित्र जंगल में शिकार करने के लिए उनसे साथ चलने को कहे थे तो राजकुमार ने मना कर दिया था। उनके साथी उनसे तब कहे थे तुम्हें क्या शेर चीतों से डर लगता है? तब राजकुमार ने उन्हें बड़ा माकूल जवाब दिया था। राजकुमार ने कहा था। तुम भी तो शेर चीतों का नहीं; खरगोश और हिरण जैसे निरीह जानवरों का शिकार करने ही जाते हो।

भृत्य-2 : एक बार माता गौतमी ने राजकुमार से कहा था शिकार खेलने से युद्ध कला का अभ्यास होता है। तब राजकुमार ने माँ से पूछा था माँ शिकार खेलना क्यों जरूरी है? माँ गौतमी ने तब कहा था तुम क्षत्रिय हो; क्षत्रिय को युद्ध कला में निपुण होना चाहिए क्योंकि क्षत्रिय का धर्म लड़ना है। राजकुमार ने तब माँ गौतमी से कहा था किसी को मारना धर्म कैसे हो सकता है। माँ ने तब कहा

था क्षत्रिय लड़ेगा नहीं तो राष्ट्र की सुरक्षा कौन करेगा? मालूम है तब राजकुमार ने माँ से क्या कहा था? कहा था क्या क्षत्रिय बिना कटे मरे परस्पर प्रेम करके राष्ट्र की सुरक्षा नहीं कर सकते?

भृत्य-1 : महाराज! राजकुमार कभी कभी तो सन्यासियों जैसी बातें करते थे। एक बार अपने साथियों से बातचीत करते हुए ये विचार करने को कह रहे थे कि लोगों के दुःख कैसे दूर हों? हम कैसे सुखी रहें, हमारे सम्बन्धी कैसे सुखी रहें और सारे प्राणी कैसे सुखी रहें?

भृत्य-2 : महाराज! राजकुमार युद्ध का जिक्र आने पर मैत्री की बातें करते थे।

[मंच के पीछे घोड़े के टापों की आवाज़ टप टप]

भृत्य-1 : लगता है छन्न वापस आ गये।

भृत्य-2 : *(डर का भाव लिए)* कहीं छन्न निराश न कर दें।

[सभी मंच के पीछे से घोड़े के हिनहिनाने की आवाज़ सुनने का अभिनय करते है।]

(सभी का मंच से प्रस्थान)

(पर्दा गिर जाता है।)

दृश्य-7

नैराश्य

स्थान : **कपिलवस्तु का मार्ग**

समय : 5.30 बजे

पात्र : 1. छन्न
2. शुद्धोदन
3. गौतमी
4. यशोधरा
5. कुछ औरतें
6. भृत्य
7. कुछ राहगीर

[मंच के अग्रभाग में पहले से बैठे शुद्धोदन, गौतमी, यशोधरा, कुछ औरतें और भृत्य सब खड़े होकर उत्सुकता से छन्न को देखने का अभिनय करते हैं हाथ जोड़कर चुपचाप कंपकपाते छन्न का प्रवेश]

छन्न : [राजमहल की ओर देखकर स्वगत करते हुए कल यहाँ ढोल-मजीरा और मृदंगों की थापों पर सोहर गाये जा रहे थे, सुखमय भविष्य की दुआयें दी जा रही थीं और आज ये सांय-सांय करता सन्नाटा]

शुद्धोदन : *(रुँधे गले से)* काँप क्यों रहे हो छन्न? बताओ इस देश का तन, मन, कहाँ तुम छोड़ आये हो?

गौतमी : *(रुँधे गले से)* छन्न! तुम चुप क्यों हो? मेरी ममता का अल्हण अनुभव...कहाँ तुम छोड़ आये हो?

यशोधरा : *(रोते हुए)* छन्न! तुम गूँगे क्यों हो? मेरी माँग का सिन्दूर....कहाँ तुम छोड़ आये हो?

शुद्धोदन : *(रुँधे हुए गले में)* कुछ तो बोलो छन्न! महामाया से मेरे प्रणय की निशानी; कहाँ तुम छोड़ आये हो?

यशोधरा : *(रोती हुई)* तुम्हें क्या हो गया छन्न! क्यों नहीं बताते; मेरे राहुल का साया कहाँ तुम छोड़ आये हो?

गौतमी : *(रोती हुई)* कुछ तो बताओ छन्न! बहिन महामाया की धड़कन कहाँ तुम छोड़ आये हो?

यशोधरा : (रोती हुई) कुछ तो कहो छन्न! मेरा प्रणय बन्धन कहाँ तुम छोड़ आये हो?

शुद्धोदन : *(रुँधे हुए गले से)* इतना तो बताओ छन्न। इस देश का स्वाभिमान कहाँ तुम छोड़ आये हो?

यशोधरा : *(बिलखते हुए)* बताते क्यों नहीं छन्न! मेरा महकता सावन कहाँ तुम छोड़ आये हो?

(धीरे धीरे सभी शान्त हो जाते हैं मंच पर सन्नाटा छा जाता है।)

–अन्तराल–

छन्न : महाराज! राजकुमार करुणावतार हैं। उनसे किसी का दुःख देखा नहीं जाता। उन्होंने पलायन नहीं किया है। शान्ति और सद्भाव के लिए त्याग और बलिदान का कठिन मार्ग चुना है। शस्त्र धारण की बजाय शस्त्र त्याग का मार्ग; ताकि युद्ध की दावाग्नि को फैलने से रोका जा सके। यौवन को युद्ध की आग में जलने से, बचपन को अनाथ होने से, और बुढ़ापे को लाचार होने से बचाया जा सके।

–अन्तराल–

(गहरी साँस लेकर) बात-बात पर, शस्त्र ग्रहण करने की प्रवृत्ति की बजाय, शस्त्र निवृत्ति की प्रवृत्ति को पनपने का मौका मिल सके। और कभी पानी, कभी झूठी शान और कभी सुई की नोंक के बराबर भूमि के लिए 'महाभारत' जैसी विनाशकारी घटना घटित न होने पाए।

–अन्तराल–

महाराज! लोक कल्याण के लिए ही राजकुमार ने प्रवृज्या ग्रहण की है। उनकी प्रवृज्या का उद्देश्य एक ऐसे मार्ग का अन्वेषण करना है जो जनसामान्य के दुःखों का समाधान निकालता हो। मुझे विश्वास है कि वह जल्दी ही ऐसे मार्ग का अन्वेषण कर हम लोगों को भी उससे परिचित कराने आयेंगे। मेरा विश्वास ये भी है कि अन्वेषण के दौरान कुछ ऐसे लोगों से उनका परिचय अवश्य होगा जो उन्हें हम लोगों की याद दिलाकर हमारे बीच वापस आने के लिए प्रेरित करेंगे।

(सभी शान्त हो जाते हैं।)

(पर्दा गिर जाता है।)

अंक पंचम

दृश्य-1

परिचय

स्थान : आश्रम

समय : अपराह्न 5.00 बजे

पात्र : 1. सिद्धार्थ
2. कौन्डन्य
3. वप्प
4. भद्रिक
5. अश्वजित
6. महानाम

[सभी आपस में बैठकर बातें करते हैं।]

कौन्डन्य : *(सिद्धार्थ से)* बन्धुवर! आपके चेहरे के तेज को देखकर तो लगता है कि आप बहुत ज्ञानी हैं।

सिद्धार्थ : मैं ज्ञानी कहाँ, हाँ खोज में अवश्य हैं।

वप्प : आप आचार्य उद्द्रक रामपुत्त जी के आश्रम में कब से हैं?

सिद्धार्थ : बहुत ज़्यादा समय तो नहीं हुआ है।

भद्रिक : भिक्षु बनने के पहले अर्थात पूर्व जन्म में कहाँ के रहने वाले थे?

सिद्धार्थ : कपिलवस्तु के।

अश्वजित : *(आश्चर्य की मुद्रा में)* कहीं आप वहाँ के राजकुमार तो नहीं हैं?

सिद्धार्थ : पीछे की बातें छोड़िए मैं अब केवल भिक्षु हूँ।

महानाम : भद्र! क्या मैं जान सकता हूँ कि आपको कपिलवस्तु छोड़े कितना समय हो गया?

सिद्धार्थ : बहुत अधिक नहीं।

वप्प : हम लोग भी कुछ समय पहले कपिलवस्तु से गुजरे थे। शहर बहुत खूबसूरत है। जनता बहुत समझदार है।

सिद्धार्थ : वह कैसे?

वप्प : कपिलवस्तु से गुजरते वक्त हमने सड़कों पर आक्रोश से भरी भीड़ देखी थी। *(कहते-कहते आँखें बन्द करते हुए)*

(पर्दा गिर जाता है।)

दृश्य-2

आक्रोश

स्थान : सड़क

समय : 11.00 बजे

पात्र : 1. किसान
2. व्यापारी
3. वृद्ध
4. पेंशनर
5. कारीगर
6. मजदूर

[मंच पर 'कपिल कोलिय भाई-भाई', 'युद्ध नहीं मैत्री' के नारे लगाती हुई भीड़]

संचालक : *(एक जगह खड़े होकर आमसभा करते हुए)* भाइयो! आज हम जिस संकट से गुजर रहे हैं उसके बारे में आप जान ही चुके हैं। इस सन्दर्भ में मैं अपने एक पेंशनर साथी को आपके समक्ष विचार प्रस्तुत करने हेतु आमंत्रित करता हूँ।

पेंशनर : *(बैसाखी के सहारे खड़े होकर)* भाइयो! मैं बहुत ज्ञानी नहीं हूँ, जो बड़ी-बड़ी बातें कर सकूँ। मैंने पिछले युद्ध में अपना पैर गंवाया है, युद्ध की कीमत क्या है मुझसे पूछो। युद्ध हो या सामान्य झगड़ा इनमें किसी भी पक्ष की जीत नहीं होती है। इसमें होने वाली धन-जन की हानि की भरपाई बरसों तक नहीं हो पाती। इसलिए युद्ध की बजाय शान्ति के लिए मिलकर प्रयास करने की जरूरत है।

संचालक : भाइयो! अब आपके सामने हम एक ऐसे पिता को ला रहे हैं जिसने युद्ध में अपने दो बेटे गँवाये हैं।

वृद्ध : साथियो! युद्ध के वातावरण में आपसे यही गुजारिश है कि उन्माद से नहीं विवेक से काम लें। मैंने अपने दो बेटे गँवाकर जो खोया है वो कभी वापस नहीं आ सकता। जिन हाथों को मेरी अर्थी उठानी थी, उनकी अर्थी मेरे हाथों ने किस तरह उठायी आप सोच भी नहीं सकते। मैं देश के स्वाभिमान की कीमत पर किसी भी प्रकार का समझौता नहीं कर सकता। देश के लिए अपने बेटों की सहादत पर मुझे गर्व है। हाँ इतना अवश्य कहूँगा कि छोटी-छोटी बातों पर युद्ध अच्छी बात नहीं है। युद्ध को टालने के लिए कूटनीतिक उपायों का सहारा लिया जाना चाहिए।

संचालक : भाइयो! हमारे बीच एक व्यापारी भाई कुछ कहना चाहते हैं।

व्यापारी : भाइयो! मैं व्यापार के माध्यम से अपनी रोजी-रोटी कमाने के साथ-साथ सैकड़ों लोगों को रोजगार दे रहा था। पिछले युद्ध ने हमें इस तरह उजाड़ा कि हम उठ नहीं पाये। हमारा घर, द्वार सब-कुछ चला गया। युद्ध में किसी का भला नहीं होता। अहं के टकराव में जीवन तबाह हो जाता है इसलिए हमें अपनी पुरानी पंचायत की व्यवस्था को देश की कूटनीति के साथ भी लागू कराने की आवश्यकता है।

संचालक : भाइयो! हमारे बीच एक किसान भाई आपसे कुछ कहना चाहते हैं।

किसान : भाइयो! हम उस मौके के गवाह है जिसके कारण आज यह स्थिति उत्पन्न हुई। रोहिणी नदी का पानी लेने की बारी हमारी थी, उधर के किसानों ने अपनी जायद की फसल के सूखते खेतों के लिए ज्यादा समय तक पानी ले लिया, इस पर हमारे गाँव के किसानों से विवाद हुआ था। विवाद में गाली-गलौज एवं मारपीट हमारे लोगों ने ही शुरू की थी। उनकी गलती अवश्य थी परन्तु झगड़े

की शुरुआत हमारे लोगों ने की थी। मैं इस मुद्दे को पंचायत के माध्यम से सुलझाने की सलाह देता हूँ। हम लोगों का झगड़ा इतना बड़ा नहीं है कि दो देश आपस में युद्ध करके खून-ख़राबा कर दें।

संचालक : भाइयो! आपके समक्ष हमारे एक साथी जो पेशे से कारीगर हैं, अपने विचार आपके समक्ष रखना चाहते हैं।

कारीगर : भाइयो! मैं आग में लोहे को पिघलाकर आपके लिए कृषि के औजार बनाता हूँ। उन औजारों से मेरा और आपका परिवार चलता है। अब हम युद्ध के लिए अगर भाला, बरछी, कान्ता, चाकू, छुरी बनायेंगे तो बाजार में इनके व्यापारी बनेंगे। व्यापारी अपना माल घर-घर जाकर बेचेंगे। हथियार जब घर-घर पहुँचेंगे तो समाज में अशान्ति ही बढ़ेगी। इसलिए हमें कृषि औजारों को ही बनाने में खुशी है। हम अपने औजारों को खून-ख़राबे के लिए नहीं बनाना चाहते।

संचालक : साथियो! अब आपके बीच कपिलवस्तु के विचारों की कई धाराएँ आ चुकी हैं। सभी का एक ही मन्तव्य है कि कपिल-कोलिय किसानों के विवाद को युद्ध का रूप न देकर पंचायत के माध्यम से सुलझा लिया जाये। हम आपके इसी संदेश को लेकर 'संथागार' से पुनर्विचार की अपील करेंगे।

(सभी का प्रस्थान)

(पर्दा गिर जाता है।)

दृश्य-3

पुनर्विचार

स्थान : संथागार

समय : अपराह्न 2.00 बजे

पात्र : 1. सभापति
2. सेनापति
3. सचिव
4. सदस्य-1
5. सदस्य-2
6. सदस्य-3
7. सदस्य-4
8. परिचर

[राजकुमार सिद्धार्थ को छोड़कर मंच पर संथागार के सभी सदस्य उपस्थित हैं।]

सदस्य-4 : मान्यवर! मैं आपका ध्यान इस बात पर आकर्षित करना चाहता हूँ कि सिद्धार्थ परिव्राजक बनकर चले गये। क्या सिद्धार्थ के चले जाने के उपरान्त युद्ध की घोषणा तुरन्त कर देना उचित होगा?

सदस्य-2 : मान्यवर! ये प्रश्न विचारणीय है। सिद्धार्थ के परिव्राजक बनकर देश के बाहर चले जाने की घटना इतनी हल्की नहीं है कि हम छिपा लें। कोसल नरेश को हर हाल में पता चल जायेगा।

सदस्य-1 : बात बिल्कुल ठीक है। हमें गम्भीरतापूर्वक विचार करने

की आवश्यकता है। ऊँट की चोरी कोई निहुरे निहुरे तो हो नहीं पायेगी।

सदस्य-3 : मान्यवर! हमें संदेह है कि कहीं सिद्धार्थ की प्रवृज्या 'शाक्य संघ' के लिए घातक न हो जाय। कोसल नरेश इस घटना से आग बबूला होकर कहीं कपिलवस्तु की स्वायत्तता को ही न छीन लें।

सेनापति : सिद्धार्थ ने कोसल नरेश को न बताने का वचन दिया है लेकिन हमें संशय है कि किसी न किसी माध्यम से कोसल नरेश को यह खबर मिल ही जायेगी।

सदस्य-1 : तभी तो कहते हैं कि आवेश में लिए गये निर्णय पर ठण्डे दिमाग से पुनर्विचार भी कर लेना चाहिए।

सदस्य-2 : युद्ध की घोषणा फिलहाल टाल दी जाय तो हो सकता है सिद्धार्थ की प्रवृज्या की घटना युद्ध प्रस्ताव से न जुड़े।

सदस्य-3 : सेनापति जी, अब आप ही बताइये, क्या किया जाय?

सेनापति : मैं क्या बताऊँ, पूरा सदन इसमें सम्मिलित है। मैं भी फिलहाल इसी विचार का हूँ कि युद्ध का विचार कुछ समय के लिए स्थगित कर जाये।

सदस्य-1 : हमें इस घटना में कपिलवस्तु के लोगों की भावनाओं का भी ध्यान रखना होगा, राजकुमार की हमदर्दी में कपिलवस्तु की जनता ही न कहीं भावुक होकर हमारे खिलाफ हो जाय।

परिचर : सेनापति के पास जाकर कान में कुछ कहता है।

सेनापति : गुप्तचर को उनके पास अन्दर भेज देने का इशारा करता है

गुप्तचर : सेनापति के पास जाकर फुसफसाता हुआ कुछ बताता है।

सेनापति : *(सभापति की ओर देखते हुए)* मान्यवर! कपिलवस्तु की सड़कों पर जमा लोगों द्वारा किये जा रहे विरोध की सूचनाएँ प्राप्त हो रही हैं। इसलिए सदन में उठे इस विचार पर कुछ निर्णय लेना चाहें।

सभापति : सेनापति जी, फिलहाल सड़कों पर जमा लोगों के मद्देनजर कानून व्यवस्था बनाये रखने के लिए तत्काल उचित

कदम उठायें। सदन में आया यह नवीन विचार स्वागत योग्य है। शहर की क़ानून व्यवस्था कायम रखना जरूरी है।

सेनापति : मान्यवर! सिद्धार्थ के गृहत्याग के क्षोभ में नगरवासियों का विरोध और सीमा पर युद्ध का वातावरण आपातकाल की इस स्थिति में सदन गम्भीरतापूर्वक विचार करना चाहे।

सदस्य 3 : मान्यवर! आज राजकुमार सिद्धार्थ यहाँ उपस्थित नहीं हैं, परन्तु उनके गृहत्याग के कारण हमारी आन्तरिक व्यवस्था में क्षोभ व्याप्त है। इस क्षोभ का प्रतिबिम्ब कपिलवस्तु के जनमानस पर है। ''कपिल कोलिय भाई-भाई, और 'युद्ध नहीं मैत्री' जैसी बातें जनमानस में तैर रही हैं।

सदस्य 2 : मान्यवर! महिलाओं, बुजुर्गों एवं युवकों में युद्ध नहीं शान्ति के लिए वातावरण बना है। वे समस्या का हल पंचायत से चाहते हैं।

सदस्य 4 : मान्यवर! कपिलवस्तु के लोगों और वर्तमान परिस्थितियों के दृष्टिगत मेरा विचार है कि पंचायत का गठन किया जाना आवश्यक है।

सेनापति : मान्यवर! सदस्यों के विचारों, वर्तमान परिस्थितियों और कोसल नरेश की सम्भावित प्रतिक्रिया के दृष्टिगत कपिलवस्तु के हित में उचित निर्णय लिए जाने की आवश्यकता है।

सदस्य 4 : मान्यवर! आज सदन में राजकुमार सिद्धार्थ नहीं हैं, लेकिन उत्तर की प्रतीक्षा में उनके प्रश्न यहाँ मौजूद हैं।

सदस्य 2 : मान्यवर! महिलाओं और बुजुर्गों में प्रतिक्रिया युद्ध के पक्ष में नहीं है। वे सब पाँच लोगों की पंचायत गठित करने की बातें कर रहे हैं।

सदस्य 4 : मान्यवर! कपिलवस्तु के लोगों और तात्कालिक परिस्थितियों पर सम्यक निर्णय लिया जाये और इस दिशा में मेरा विचार है कि पंचायत का गठन करना ही उचित है।

सेनापति : मान्यवर! सदस्यों के विचारों और वर्तमान परिस्थितियों और कोसल नरेश की प्रतिक्रिया के दृष्टिगत उचित निर्णय लेना ही कपिलवस्तु के हित में होगा।

सभापति : सदन में आये विभिन्न प्रस्तावों और कानून व्यवस्था के दृष्टिगत फिलहाल युद्ध प्रस्ताव पर विचार स्थगित किया जाता है।

सदस्य 4 : मान्यवर! संथागार के इस निर्णय के प्रति हम धन्यवाद ज्ञापित करते हैं। निश्चित रूप से संथागार की सोच में आये इस परिवर्तन से जनमानस में अच्छा सन्देश जायेगा। *(सेनापति का प्रस्थान। सेनापति के जाते ही सभी उठते हैं।)*

(सभा विसर्जित हो जाती है।)

(पर्दा गिर जाता है।)

दृश्य-4

परिवर्तन

स्थान : आश्रम

समय : 5.15 बजे

पात्र : 1. सिद्धार्थ
2. कौन्डन्य
3. वप्प
4. भद्रिक
5. अश्वजित
6. महानाम

[मंच पर सभी पात्र एक-एक कर सिद्धार्थ से वार्तालाप करते हैं।]

सिद्धार्थ : (*जिज्ञासा के भाव में*) फिर क्या हुआ?

वप्प : 'कपिल-कोलिय भाई-भाई'

सिद्धार्थ : (वप्प के और कुछ कहने के पहले ही बोल पड़ते हैं) और?

वप्प : 'युद्ध नहीं शान्ति' के नारे लगाते हुए वे...

सिद्धार्थ : (*वप्प को कुछ और बोलने का अवसर देने के पहले ही फिर बोल पड़ते हैं*) और?

वप्प : पंचायत के माध्यम से विवाद समाप्त करने की माँग कर रहे थे।

सिद्धार्थ : फिर क्या हुआ?

वप्प : कपिलवस्तु के लोगों में शान्ति के प्रति चेतना और युद्ध

के विरुद्ध उनके जबरदस्त प्रदर्शन को देखते हुए वहाँ के 'संथागार' ने युद्ध प्रस्ताव स्थगित कर दिया।

भद्रिक : कपिलवस्तु के लोगों में शान्ति के प्रति जागरुकता प्रशंसनीय है।

महानाम : जिस राज्य में शान्ति के लिए राजपरिवार से लेकर जनता तक सबके अन्दर परिवर्तन की धारा बह रही हो वहाँ के जीवन-मूल्य श्लाघ्य हैं।

अश्वजित : कपिलवस्तु के जीवन-मूल्य अनुकरणीय हैं।

कौन्डन्य : निश्चित रूप से कपिलवस्तु की धरती परिवर्तन की ऐसी मिसाल बनेगी जिसे दुनिया युग-युग तक याद करेगी।

वप्प : वहाँ के राजकुमार ने सारे सुखों को त्याग कर अपने देश को खून-खराबे और प्रतिशोध की आग से बचाने के लिए स्वयं निर्वासन ग्रहण कर लिया। क्या आप उन्हें जानते हैं?

सिद्धार्थ : *(अन्तर्द्वन्द के भाव की मुद्रा में)* तो इसका मतलब लोग काफी जागरुक हो गये। *(चेहरे पर गम्भीर मुद्रा में अन्तर्द्वन्द के भाव उभरते हैं।)*

(मंच से सभी का प्रस्थान)

(पर्दा गिर जाता है।)

अंक षष्टम

दृश्य-1

अन्तर्द्वन्द्व

स्थान : आश्रम
समय : अपराह्न 8.00 बजे
पात्र : 1. परछाईं (सिद्धार्थ की)
2. भिक्षु सिद्धार्थ

(मंच पर बैठे सिद्धार्थ अपनी परछाईं से स्वगत करते हुए)
स्वगत—मैंने गृह त्याग तो युद्ध के विरोध में किया था। अब जब संथागार ने आखिरकार मेरी बात मान ली और युद्ध प्रस्ताव स्थगित हो गया तो अब गृह त्याग का क्या औचित्य? सोचते-सोचते अन्तर्मन में प्रश्न और उत्तर स्वतः अपनी उपस्थिति बनाने लगे।

परछाईं : गृह त्याग का मूल कारण 'संथागार' में गिरे आपके प्रस्ताव ही तो थे। आज जब उन प्रस्तावों के प्रति संथागार ने यह महसूस कर लिया कि संथागार का बहुमत युद्ध के उन्माद में था जो युद्ध की विभीषिका को समझ नहीं पाया। देर आये दुरुस्त आये वाली कहावत आज सही साबित हुई। कपिलवस्तु के लोगों के अन्दर जो चेतना जागी वह आपके प्रस्ताव की जीत है। ऐसे में अब गृह त्याग का कारण जब समाप्त हो गया तो निर्वासन का क्या औचित्य?

भिक्षु सिद्धार्थ : ये बात सही है कि मेरे निर्वासन के तात्कालिक कारण समाप्त हो गये लेकिन युद्ध की समस्या ज्यों की त्यों है;

क्योंकि युद्ध असहमति और बहुलता के अस्तित्व का अस्वीकार है।

–अन्तराल–

युद्ध केवल रणभूमि पर ही नहीं होता है बल्कि युद्ध की रणभेरी सबसे पहले व्यक्ति के मन में बजती है। इसलिए शान्ति के लिए व्यक्ति के मन में परिवर्तन लाने की ज्यादा आवश्यकता है।

परछाईं : यह कैसे सम्भव है?

भिक्षु सिद्धार्थ : सम्भव है सिद्धार्थ! सम्भव है। आक्रोश, असमानता, अन्याय और प्रतिशोध के वातावरण में जनमानस में जिस संघर्ष का बीजारोपण होता है वह किसी न किसी तरह कभी न कभी टकराव के रूप में फूटता रहता है इसलिए युद्ध की समस्या को एकाकी रूप से नहीं समझा जा सकता। यह एक बड़ी समस्या का अंशमात्र है।

परछाईं : आखिर ये बड़ी समस्या क्या है?

भिक्षु सिद्धार्थ : युद्ध के कारण तो मनोवैज्ञानिक से लेकर सामाजिक और आर्थिक कारणों से भी जुड़े रहते हैं। इसलिए युद्ध की समस्या को एकाकी रूप में नहीं समझा जा सकता। यह एक समेकित समस्या है। इसका दायरा व्यक्ति से लेकर सम्पूर्ण समाज तक जाता है।

परछाईं : अब जब गृह त्याग का मूल कारण *(युद्ध)* समाप्त हो गया तो अब गृह त्याग क्यों?

भिक्षु सिद्धार्थ : *(सिर हिलाते हुए)* नहीं! सिद्धार्थ नहीं। युद्ध की समस्या समाप्त नहीं हुई। युद्ध की समस्या तो वस्तुतः असहमति की समस्या है अर्थात असहमति के अस्तित्व का अस्वीकार। असहमति तो सत्य को उजागर करने का माध्यम है। असहमति से सत्य की तह तक पहुँचने का रास्ता मिलता है। सत्य से अपरिचित व्यक्ति को असहमति के स्वीकार्य से परिमार्जन का मौका मिलता है। समाज में जो हमारे साथ नहीं है वह हमारा दुश्मन नहीं है, बल्कि वह हमारे साथ चलने वाले चाटुकारों से अच्छा है।

परछाईं : वह कैसे?

भिक्षु सिद्धार्थ : चाटुकार तो लाभ के लिए साथ होते हैं। असहमत हमें सही रास्ते से भटक जाने का संकेत देता है। इसीलिए स्वस्थ समाज के लिए अभिव्यक्ति की स्वतन्त्रता, सहिष्णुता और बहुलता अनिवार्य है। यदि ऐसा नहीं होगा तो नये विचार कैसे आयेंगे। एक पागल को भी अभिव्यक्ति की स्वतन्त्रता होनी चाहिए। इतिहास में कई ऐसे उदाहरण हैं जब अच्छे विचार पागलों के मुँह से भी उत्पन्न हुए हैं। इस तरह विरोध अर्थात असहमति एक बड़ी समस्या का अंशमात्र है।

परछाईं : ये बड़ी समस्या क्या है?

भिक्षु सिद्धार्थ : ये बड़ी समस्या हमारी सोच की संकीर्णता है। हमें इससे ऊपर उठने की जरूरत है। कपिलवस्तु ने लोकतन्त्र की परम्परा तो अपना ली लेकिन लोकतन्त्र की गहराई में नहीं झाँका। लोकतन्त्र तो नियमित रूप से चलने वाली संवाद और परामर्श की सतत प्रक्रिया है जो नये विचारों को पनपने और वर्तमान तथा भविष्य की समस्याओं का शान्तिपूर्ण हल निकालने का प्रयास करती है।

परछाईं : तो क्या विरोध की समस्या केवल राजनीतिक है?

भिक्षु सिद्धार्थ : नहीं! सिद्धार्थ नहीं। विरोध की समस्या जीवन में निरन्तर चलने वाले संघर्ष की समस्या है। यह पति-पत्नी, भाई-बहन, पिता-पुत्र आदि से प्रारम्भ होकर देश से दूसरे देश तक चली जाती है। इसी के कारण गृहक्लेश, राजनीतिक संघर्ष एवं वर्ग संघर्ष सर्वत्र विद्यमान हैं।

–अन्तराल–

विरोध की समस्या तो इस तरह व्यक्ति के अन्तहीन कष्टों की समस्या है और व्यक्ति के इन कष्टों का हल आश्रम की पदार्थता से अपदार्थता की ओर ले जाने वाली पद्धतियों से सम्भव नहीं है क्योंकि उनसे व्यक्तिगत और आत्मिक शान्ति तो मिल सकती है लेकिन लोकहित के लिए तो लोक की बात करनी पड़ेगी।

–अन्तराल–

क्योंकि लौकिक समस्याओं के हल भी लौकिक ही होते हैं। इसीलिए अब हमें अन्वेषण करना है एक ऐसे मार्ग का जो हमें लौकिक समस्याओं की पहचान और उनके सम्यक हल प्रस्तुत कर सके।

(सभी का प्रस्थान)

(पर्दा गिर जाता है।)

दृश्य-2

अन्वेषण

स्थान : नदी तट
समय : अपराह्न 7.00 बजे
पात्र : 1. परछाईं (सिद्धार्थ की)
2. भिक्षु सिद्धार्थ

[मंच पर भिक्षु सिद्धार्थ और उनकी परछाईं।]

परछाईं : अब जब आपकी सोच का प्रस्थान व्यक्तिगत कारणों से आगे बढ़कर समष्टिगत कारणों तक चला गया तो अब निर्वासित जीवन से वापस जाने का तो प्रश्न समाप्त ही हो गया है।

भिक्षु सिद्धार्थ : हाँ, व्यष्टि से समष्टि की ओर प्रस्थान हो चुकने के बाद भले ही मेरी प्रवृज्या ग्रहण का कारण समाप्त हो चुका हो परन्तु मेरा अब पूर्व स्थिति में वापस लौटने का कोई औचित्य नहीं है। अब हमें लोक कल्याण के लिए सम्यक दृष्टि और सम्यक ज्ञान को जन-जन तक पहुँचाने की आवश्यकता है। इसी से शान्ति और सौहार्द सम्भव है। शान्ति की स्थापना समाज को समृद्धि और रचनात्मकता की ओर ले जाती है। ये रचनात्मकता, साहित्य, कला, विज्ञान और दर्शन के विकास में सहायक होकर जन-जन तक विनाश की बजाय विकास का संदेश प्रचारित करेगी। इसलिए लोक कल्याण के लिए अब वापस लौटने का कोई औचित्य नहीं है।

परछाईं : *(भिक्षु सिद्धार्थ से)* प्रवृज्या के समय भी आपने प्राणी जगत के कष्ट दूर करने का मार्ग खोजने का लक्ष्य बनाया था जिसे यशोधरा ने विदाई संदेश के रूप में और पुरोहित ने श्लोक "सर्वे भवन्तु सुखिनः सर्वे सन्तु निरामयः सर्वे भद्राणि पश्यन्ति मा कश्चिद दुःख भागभवेत्" के माध्यम से लोक कल्याण के लिए प्रेरित किया था प्रवृज्या के पश्चात आचार्य आलार कालाम के आश्रम में फिर आचार्य उद्द्रक रामपुत्त के आश्रम में और अन्य ऐसे आचार्य जो निर्वस्त्र रहकर कन्दमूल फलों पर आश्रित रह पंच तत्वों से शरीर को तपाते थे, उनसे मिलने पर आपने कहा था उन सबका उद्देश्य अपना परलोक सुधारने का था ताकि उनको मान्यता के मुताबिक उन्हें स्वर्ग जहां हर अपेक्षित सुख उपलब्ध होने की मान्यता है, मिल सके लेकिन आपका उद्देश्य तो लोक कल्याण का था उसका क्या होगा? वह कैसे प्राप्त होगा।

भिक्षु सिद्धार्थ : *(मुँह बनाते हुए सिर हिलाते हुए)* वाकई भले ही उन आचार्यों को उनकी समझ के मुताबिक स्वर्ग में जन्म मिल जाये परन्तु पृथ्वी वासियों की पीड़ाएँ तो ज्यों की त्यों बनी रहेंगी। मेरा लक्ष्य पृथ्वी वासियों के कष्टों से दूर भागकर स्वर्ग में अपने सुख प्राप्त करना नहीं था। मेरे पास तो सारे सुख यहाँ भी थे। राजपाठ, यश, वैभव सब कुछ तो था और अब मेरे गृह त्याग का कारण युद्ध प्रस्ताव था वह भी स्थगित हो गया लेकिन वापस न जाने का निश्चय इसलिए किया ताकि मैं लौकिक समस्याओं और लोगों की पीड़ाओं के समाधान प्रस्तुत कर सकूं। मेरा लक्ष्य कष्ट और पीड़ाओं से दूर भागने का नहीं बल्कि उनसे जूझने का है।

परछाईं : आपने जिन संघर्षों और कष्टों की बात कही उनका हल क्या है?

भिक्षु सिद्धार्थ : समस्या का हल समस्या का निःशेष है। जब समस्या के कारण को समाप्त कर दें तो समस्या का हल सामने आ जायेगा। समस्या का हल प्रछन्न रूप से समस्या के

साथ ही होता है। हमें कार्य कारण की अन्तः प्रक्रिया को समझने की आवश्यकता होती है। परम्परागत दर्शनों में जहाँ कार्य कारण सम्बन्ध की अन्तः प्रक्रिया का लोप है। वहाँ हम समस्याओं के हल की उम्मीद नहीं कर सकते। अतः कार्य कारण सम्बन्ध की इस नयी पहचान को हम अपनी लोक समस्याओं के हल के लिए प्रयोग करते हुए लोगों के कष्टों को दूर कर लोक कल्याण की बात सोच सकते हैं।

परछाईं : *(सिद्धार्थ भिक्षु से)* तो आपका मतलब ये है कि कुछ लोग इस संसार के सुख भोग के निमित्त कष्ट उठाते हैं और कुछ लोग स्वर्ग लाभ के लिए कष्ट सहन करते हैं।

भिक्षु सिद्धार्थ : जी हाँ! सभी प्राणी सुख के लालच में दुःख के गड्ढे में गिर पड़ते हैं। मैंने वैभव और शरीर पीड़न जैसी दोनों स्थितियों को भोगा है। आज दिन में नदी के किनारे अपने बेटे को वीणा वादन सिखाते वीणा वादक को देखा और सुना तो मेरे मन में एक नये विचार ने जन्म लिया।

परछाईं : वह नया विचार क्या है?

भिक्षु सिद्धार्थ : मैंने दोनो ही जीवन जीकर समझ लिया कि अत्यधिक भोग-विलास और अत्यधिक शरीर पीड़न दोनों ही उचित नहीं हैं। दोनों के मध्य की स्थिति ही श्रेष्यकर है। इसका प्रमाण पहली बार तब मिला जब नदी के तट पर मैंने वीणा वादक द्वारा अपने प्रशिक्षु को वीणा वादन का प्रशिक्षण देते देखा था।

(परछाईं और सिद्धार्थ का मंच से प्रस्थान)

(पर्दा गिर जाता है।)

दृश्य-3

प्रशिक्षण

स्थान : नदी तट

समय : अपराह्न 3.45 बजे

पात्र : 1. वीणा वादक
2. प्रशिक्षु
3. परछाईं
4. भिक्षु सिद्धार्थ

[मंच पर वीणा वादक अपने प्रशिक्षु बेटे को वीणा वादन की शिक्षा देते हुए।]

प्रशिक्षु : तात! आप जब वीणा बजाते हैं तो ऐसी मधुर ध्वनि निकलती है कि जंगल के जानवर भी आपकी ओर आकृष्ट होने लगते हैं।

वीणा वादक : बेटा! स्वरों में ऐसा जादू होता है कि वे खिंचे चले आते हैं।

प्रशिक्षु : तात! स्वरों का ऐसा जादू हमें भी सिखा दीजिए।

वीणा वादक : बेटा! वीणा में सारा खेल तारों को झंकृत करके स्वरों को निकालने का है।

प्रशिक्षु : तात! स्वरों को कैसे निकाला जाता है?

वीणा वादक : बेटा! वीणा में जो तार हैं वही स्पन्दनों से झंकृत होकर ध्वनि निकालते हैं।

प्रशिक्षु : तात! हमें आज ही पहला पाठ पढ़ाइए।

वीणा वादक : *(मचलते हुए)* पहला पाठ ये है कि वीणा के तारों से

मधुर ध्वनि तभी आयेगी जब हम उन्हें सम्यक रूप से कसते हैं।

प्रशिक्षु : तात! मैंने तार कसे और बजाने की कोशिश की लेकिन उनसे कोई ध्वनि निकली ही नहीं।

वीणा वादक : बेटा! वीणा के तार कसते समय यह ध्यान रखने की आवश्यकता होती है कि वीणा के तार न तो बहुत ज्यादा कसे हों *(क्योंकि ऐसा करने से वे टूट जाते हैं।)* और न ही बहुत ढीले रहें क्योंकि ऐसा करने से कोई आवाज़ नहीं निकालती यदि निकालती भी है तो वह बेसुरी होती है। इसलिए वीणा के तार न ढीले रहें और न ज्यादा कसे हों।

प्रशिक्षु : तात! अब मैं समझा कि वीणा से मधुर ध्वनि कैसे निकलती है?

सिद्धार्थ भिक्षु : ध्यान लगाकर लगातार वीणा वादक और प्रशिक्षु के वार्तालाप को सुनते हुए।

परछाईं : अब समझ में आया कि इतनी देर से वीणा वादक और प्रशिक्षु को अपलक आप क्यों देख रहे थे?

भिक्षु सिद्धार्थ : मधुर ध्वनि के लिए। मैंने जब यह सुना कि वीणा के तार न तो ज्यादा कसे हुए हों और न ढीले हों तो मैं सोचने लगा कि जीवन में भी ये मन्त्र बहुत महत्त्वपूर्ण है।

परछाईं : वह कैसे?

भिक्षु सिद्धार्थ : मैं आज समझ गया कि सुजाता की खीर में ऐसा क्या था जिसने मुझ मूर्छित की चेतना लौटाकर नया-नया सोचने की विषय-वस्तु दी थी।

[परछाईं और उसके पीछे-पीछे सिद्धार्थ का मंच से प्रस्थान]

(पर्दा गिर जाता है।)

दृश्य-4

चेतना

स्थान : वृक्ष के नीचे

समय : अपराह्न 1.30 बजे

पात्र : 1. भिक्षु सिद्धार्थ
2. सुजाता
3. सुजाता की माँ

[मंच पर सुजाता की माँ थाली में खाना रखकर बेटी सुजाता को पकड़ाती है।]

सुजाता की माँ : बेटी! क्या तुम्हें ये मालूम है कि आज बैसाख मास की पूर्णिमा है?

सुजाता : हाँ माँ मुझे मालूम है। आज के दिन आप कुछ न कुछ अच्छा भोजन बनाती हैं।

सुजाता की माँ : हाँ बेटा! आज चाँद के पूरे दर्शन होते हैं। इसलिए चाँद के पूर्ण दर्शन की खुशी हम अच्छे व्यंजनों के साथ मनाते हैं।

सुजाता : ये तो आप बहुत अच्छा करती हैं। इसी बहाने अच्छा भोजन मिल जाता है। घर भी साफ-सुथरा हो जाता है।

सुजाता की माँ : और इसके अलावा आज के दिन नये अनाज के घर में आने की खुशी में जश्न भी होता है इस जश्न में हम वृक्ष देवता को भी भोजन कराते हैं। *(कहते हुए थाली सुजाता को पकड़ाती हुई निर्देश देती है कि वृक्ष देवता को भोजन खिला आये।)*

सुजाता : *(लम्बी-लम्बी साँसे ले रहे एक साधु (सिद्धार्थ) को देखकर*

रूक जाती है और पास में रखे उनके कमण्डल में खीर का कुछ दूध उड़ेल देती है।)

भिक्षु सिद्धार्थ : *(बोलने की कोशिश करते हैं परन्तु बोल नहीं पाते इसलिए कमण्डल की ओर इशारा करते हैं कि वह उनके मुँह से कमण्डल लगा दे।)*

सुजाता : *(इशारा समझकर सुजाता कमण्डल उठाकर भिक्षु सिद्धार्थ के मुँह पर लगा देती है और उनके सिर को सहारा देकर कुछ ऊपर उठाती है।)*

भिक्षु सिद्धार्थ : *(सर उठाकर कमण्डल को मुँह से लगा दिये जाने से पायसम/खीर का मीठा दूध पी लेते हैं। दूध पीते ही उनके शरीर में कुछ चेतना आती है तो आँख खोलते हुए)*

सुजाता : *(चेतना आती देख कुछ और दूध उनके कमण्डल में डालकर पिला देती है।)*

भिक्षु सिद्धार्थ : *(चेतना आते ही आँखों के सामने से अँधेरा छट जाता है। इधर-उधर देखते हुए हाथ उठाकर आशीष देते हैं।)*

(सुजाता का प्रस्थान)

(पर्दा गिर जाता है।)

दृश्य-5

पूर्णिमा

स्थान : नदी तट

समय : रात्रि 9.00 बजे

पात्र : 1. भिक्षु सिद्धार्थ
2. परछाईं

[मंच पर भिक्षु सिद्धार्थ अपनी परछाईं को देखते हैं और फिर बातें करते हुए]

भिक्षु सिद्धार्थ : आज का चाँद कुछ ज्यादा प्रकाशवान लग रहा है। आपका क्या ख्याल है?

परछाईं : हाँ, आज आपके चेहरे पर भी चाँद की तरह ही रोशनी लग रही है और जो निशाचर गान कर रहे हैं वह आपको सुनाई दे रहा है।

भिक्षु सिद्धार्थ : *(कान चौकन्ने करते हुए)* हाँ, मुझे लग रहा है जैसे आज पूर्णिमा की चाँदनी में सारे निशाचर और प्रकृति आनन्दित हो रहे हैं। झींगुरों की तान आज जैसी कभी नहीं लगी। आज मुझे ऐसा लग रहा है जैसे मैंने वह पा लिया जिसे हम खोज रहे थे।

परछाईं : ऐसा क्या मिल गया?

भिक्षु सिद्धार्थ : वही तो मैं भी पहचानने की कोशिश कर रहा हूँ।

परछाईं : आप क्या खोज रहे थे?

भिक्षु सिद्धार्थ : मैं स्वयं अपना गुरु बनकर वह मार्ग खोज रहा था जो समस्त पृथ्वी वासियों के कष्टों का निवारण कर सके।

परछाईं : *(सिर हिलाकर)* तो कुछ पाया?

भिक्षु सिद्धार्थ : हाँ, मुझे लग रहा है कि मैंने कुछ पा लिया।

परछाईं : क्या पा लिया?

भिक्षु सिद्धार्थ : मैंने समझ लिया है कि अत्यधिक भोग-विलास और अत्यधिक शरीर पीड़न दोनों ही उचित नहीं हैं। आज पहली बार मैंने महसूस किया कि इन दोनों के बीच की राह ही श्रेष्यकर है। इसका आभास हमें वीणा वादक द्वारा प्रशिक्षु को प्रशिक्षण देते हुए देखते वक्त हुआ था और आज सुजाता की खीर से।

परछाईं : क्या मतलब?

भिक्षु सिद्धार्थ : मतलब ये कि जीवन का श्रेष्ठ मार्ग मध्यम मार्ग है। इसका केन्द्र बिन्दु व्यक्ति और उसका संसार है। अतः हमें व्यक्ति और संसार की विभिन्न समस्याओं की पहचान और उनके निदान के लिए मध्यम मार्ग पर केन्द्रित होने की आवश्यकता है।

(दोनों का मंच से प्रस्थान)

(पर्दा गिर जाता है।)

अंक सप्तम

दृश्य-1

सम्बोधि

स्थान : बोधि वृक्ष के नीचे
समय : प्रातः 11.00 बजे
पात्र : 1. भिक्षु सिद्धार्थ
2. परछाईं

[मंच पर भिक्षु सिद्धार्थ टहल रहे हैं उनकी परछाईं कभी उनके आगे और कभी उनके पीछे होती हुई।]

परछाईं : आपको जो मिला है लगता है वह अत्यधिक महत्त्वपूर्ण है। इसीलिए आप लगातार टहल रहे हैं। रात और दिन का जैसे आपको पता ही नहीं।

भिक्षु सिद्धार्थ : हाँ, मैंने नया मार्ग ढूँढ लिया है। कामयाबी मिल गयी सी लग रही है। इसलिए मैं चिन्तन की धारा को रुकने नहीं देना चाहता हूँ। इसीलिए लगातार टहल रहा हूँ।

परछाईं : इसका मतलब ये बड़ी सफलता है।

भिक्षु सिद्धार्थ : हाँ मुझे भी लगता है।

परछाईं : जरा हमें भी तो बताओ।

भिक्षु सिद्धार्थ : लोग विचारों की दो अतियों *(छोरों/अन्तों)* में उलझे हैं। एक अस्तित्ववादी विचार की अति *(छोर)* और दूसरी अनस्तित्ववादी विचार की अति। अस्तित्ववादी सभी पदार्थों की सत्ता को स्थायी और पृथक मानते हैं। इसके उलट अनस्तित्ववादी मानते हैं कि सभी भ्रम (माया) है।

इसलिए इनके माध्यम से शाश्वत सत्य तक नहीं पहुँचा जा सकता।

परछाईं : तो फिर शाश्वत सत्य तक कैसे पहुँचा जा सकता है?

भिक्षु सिद्धार्थ : शाश्वत सत्य इन दोनों अतियों अर्थात भोगवादिता और आत्मयन्त्रणा के बीच का मध्यम मार्ग है। ये मध्यम मार्ग ही सम्यक है। यही सही दिशा की ओर ले जाता है।

परछाईं : इसे आम आदमी कैसे समझ सकता है?

भिक्षु सिद्धार्थ : आम आदमी के लिए भी यह आसान है।

परछाईं : वह कैसे?

भिक्षु सिद्धार्थ : इसके लिए प्रकृति का 'प्रतीत्यसमुत्पाद' अर्थात कारणता का नियम समझ लेना आवश्यक है।

परछाईं : ये क्या है?

भिक्षु सिद्धार्थ : प्रतीत्यसमुत्पाद अर्थात कारणता प्रकृति का वह नियम है जो अस्मिन् सति, इदं भवति अर्थात् अब इसके बाद ये होगा का ज्ञान प्रदान करता है।

परछाईं : वह कैसे?

भिक्षु सिद्धार्थ : कोई भी घटना घटती है तो उसका कोई न कोई कारण अवश्य होता है। बिना कारण के कोई घटना घटित नहीं होती है। पानी का बर्फ बनना या बर्फ का पानी बनना तापमान के कम और ज्यादा होने का प्रतिफल है। इसकी जानकारी होने से घटनाओं को समझना आसान हो जाता है। यही कारणता का नियम हमें हमारी समस्याओं के घटित होने के कारण समझने में मदद करता है। जब कारण समझ में आ जाये तो निवारण आसान हो जाता है। प्रकृति के इसी नियम के आधार पर चार आर्य सत्यों का अन्वेषण किया।

परछाईं : ये चार आर्य सत्य क्या हैं?

भिक्षु सिद्धार्थ : दुःख, दुःख का कारण, निवारण और भविष्य में भी दुःख से बच सके इसके लिए अष्टांगिक मार्ग।

परछाईं : स्पष्ट करें–

भिक्षु सिद्धार्थ : संसार में दुःख सर्वत्र विद्यमान है। हर प्राणी इससे त्रस्त है। हर कोई किसी न किसी दुःख से दुःखी है। इसी से

निजात पाने के लिए लोग भटकते रहते हैं। अगर हम इसमें कारणता का नियम लागू करें तो हमें दुःख के कारण पता चल जायेंगे। मैंने इसी नियम के आधार पर समझ लिया कि दुःख का मूल कारण सम्यक ज्ञान का न होना है।

परछाईं : वह कैसे?

भिक्षु सिद्धार्थ : मैंने कहा न कि प्रतीत्यसमुत्पाद *(पटिच्चसमुत्पाद)* अर्थात कारणता के नियम के अनुसार हमें किसी घटना को समझने के लिए उसके पूर्व घटी घटनाओं और भावी घटनाओं को एक साथ रखकर उनके अन्तःसम्बन्धों को समझना होगा।

परछाईं : कोई उदाहरण।

भिक्षु सिद्धार्थ : हाँ अवश्य, जरा-मरण संसार के सबसे बड़े दुःख हैं। जरा-मरण की घटना का कारण है जन्म। अगर जन्म न हो तो जरा-मरण का कोई मतलब ही नहीं। जन्म भी सकारण है। इन्द्रियों का विषयों से टकराव जैव रासायनिक और विद्युत चुम्बकीय प्रतिक्रिया के रूप में घटित होता है। यही प्रतिक्रिया सुखद एवं दुःखद संवेदनाएँ उत्पन्न करती है। सुखद संवेदनाओं के प्रति राग और दुःखद संवेदनाओं के प्रति द्वेष उत्पन्न होने की क्रिया के कारण अवचेतन मन राग-द्वेष से ग्रसित रहता है। इन घटनाओं के स्वभाव का ज्ञान न होने के कारण ही हमें राग-द्वेष की असह्य पीड़ा का अहसास होता है।

परछाईं : क्या है इनका स्वभाव?

भिक्षु सिद्धार्थ : एक न एक दिन अलग हो जाना।

परछाईं : तो आपका मतलब ये हुआ कि जीवन में जो दुःख है उसका कारण राग और द्वेष का भाव है। तो इसका निवारण क्या है?

भिक्षु सिद्धार्थ : मैंने पहले ही कहा है कि घटनाओं का सही ज्ञान और उनके स्वभाव का सम्यक ज्ञान न होने के कारण हमारे अन्दर राग-द्वेष के संखार *(प्रतिबिम्ब)* निर्मित होते हैं जो

अन्ततः भवचक्र *(जीवनचक्र)* के कारण बनते हैं। इसका निवारण निर्वाण अर्थात राग-द्वेष से मुक्ति है।

परछाईं : आपने दुःखों से मुक्ति के लिए जिस अष्टांगिक मार्ग का जिक्र किया है, वह क्या है?

भिक्षु सिद्धार्थ : आर्य अष्टांगिक मार्ग जीवन में होने वाले कष्टों से मुक्ति के उपाय हैं। उनमें प्रथम सम्यक दृष्टि है जिसे इस प्रकार समझा जा सकता है कि आत्मा शाश्वत हो या अशाश्वत संसार में दुःख तो हैं ही। इन दुःखों का कारण अविद्या/अज्ञान है। अविद्या/अज्ञान के कारण हम अनित्य *(परिवर्तनशील)* को नित्य *(अपरिवर्तनीय)* मान लेते हैं। इस अविद्या के कारण ही हम न तो दुःख के कारणों को सही ढंग से पहचान पाते हैं और न ही इन चार आर्य सत्यों को। इसीलिए लोग विभिन्न पाखण्डों/कर्मकाण्डों में फंस जाते हैं। जो उन्हें दुःख से मुक्ति की बजाय दुःखों की भंवर में फँसा देते हैं। सम्यक ज्ञान होने से यह शक्ति मिल जाती है कि हम जीवन में घटित होने वाली घटनाओं के सही कारण और उनकी प्रकृति समझकर अपने दुःखों के कारणों पर विजय पाकर अधिकांश दुःखों से निजात पा सकते हैं।

परछाईं : इसके आठ अंग कौन हैं और उनके क्या काम हैं?

भिक्षु सिद्धार्थ : इसके आठ अंगों में सम्यक दृष्टि थोथे कर्मकाण्डों को समझ लेने में मदद करती है जिससे हम मिथ्या धारणाओं से मुक्त हो सकते हैं। इसी तरह सम्यक संकल्प हमें सौहार्दपूर्ण व्यवहार की प्रेरणा देता है। 'सम्यकवाचा' दूसरों की बुराई से बचकर विनम्र वाणी व्यवहार की प्रेरणा देता है। 'सम्यक कर्मान्त' प्राणी हिंसा से विरति की अपेक्षा करता है। 'सम्यक आजीविका' बिना किसी को हानि पहुँचाये अपनी जीविका कमाने की शिक्षा देता है। 'सम्यक व्यायाम' कल्याण कारक विचारों को ही पोषित करने का यत्न करने की प्रेरणा देता है और 'सम्यक स्मृति' मन में उठने वाले अकुशल विचारों की चौकीदारी करते हुए अच्छे विचारों के लिए स्थायी परिवर्तन की

प्रेरणा देकर व्यक्ति को करुणा, दया, सहानुभूति के रास्ते कल्याणकारी कार्यों में लगे रहने के लिए प्रेरित करता है।

परछाईं : आपने ये जो चार आर्य सत्य बतलाए हैं वह व्यक्ति के ही चारों ओर घूम रहे हैं लेकिन दुःख का कारण तो राज्य के निर्णय भी हो सकते हैं। युद्ध का निर्णय राज्य का है लेकिन उसका कष्ट बच्चे, बूढ़े, जवान सको होता है।

भिक्षु सिद्धार्थ : राज्य व्यक्ति का ही प्रतिनिधित्व करता है। राज्य के निर्णय भी व्यक्ति के होते हैं। राज्य के पदों पर बैठे व्यक्तियों द्वारा राज्य के रूप में लिए जाने वाले निर्णय राज्य के निर्णय कहे जाते हैं। अष्टांगिक मार्ग के शील सिर्फ व्यक्ति पर ही लागू नहीं हैं बल्कि राज्य जो व्यक्तियों का वृहद् रूप है उस पर भी लागू होते हैं। इसके लिए सदाचार के पाँच नियमों का पालन आवश्यक है।

(मंच से भिक्षु सिद्धार्थ और परछाईं का प्रस्थान)

(पर्दा गिर जाता है।)

दृश्य-2

सम्भावना

स्थान : बोधि वृक्ष के नीचे
समय : अपराह्न 4.00 बजे
पात्र : 1. भिक्षु सिद्धार्थ
2. परछाईं

[मंच पर भिक्षु सिद्धार्थ और परछाईं वार्तालाप करते हैं।]

परछाईं : आपकी समस्या तो एक राज्य द्वारा दूसरे राज्य पर की जाने वाली हिंसा थी।

भिक्षु सिद्धार्थ : हाँ! राज्य केवल एक भौगोलिक इकाई भर नहीं है बल्कि भौगोलिक इकाई की राजनैतिक इकाई है। इसका निर्माण उसके नागरिक करते हैं। इसी अर्थ में राज्य व्यक्ति की वैचारिक अभिव्यक्ति है इसलिए राज्य के विचार उसके नागरिकों के विचार होते हैं। इसलिए राज्य की जिस नैतिकता की हम अपेक्षा करते हैं वह उसके नागरिकों की नैतिकता पर निर्भर करती है। राज्य के कार्य व्यवहार लिए एक आदर्श आचार संहिता के माध्यम से हम राज्य को एक ऐसी नैतिक और राजनैतिक इकाई के रूप में विकसित कर सकते हैं जो समाज के लिए कल्याणकारी हो।

परछाईं : ये आचार संहिता क्या है?

भिक्षु सिद्धार्थ : चूँकि व्यक्ति का वृहद् रूप राज्य है अतः एक नैतिक व्यक्ति के लिए प्राणि हत्या से विरक्ति, चौर्य कर्म से विरक्ति, व्यभिचार से विरक्ति, मिथ्या वादन से विरक्ति,

मद्य से विरक्ति के जो सदाचार व्यक्ति के लिए हैं उन्हें जब राज्य के लिए लागू करेंगे तो राज्य की ओर से निर्णय लेने वाले लोग राज्य द्वारा भी ऐसे निर्णय नहीं लेंगे।

एक अच्छे राज्य का निर्माण अच्छे नागरिक ही कर सकते हैं। इसलिए अच्छे राज्य के उद्देश्य की पूर्ति के लिए हमें अच्छे नागरिकों के निर्माण की व्यवस्था करनी चाहिए ताकि शान्ति, सद्भाव और पारस्परिक हितों का संवर्धन हो सके।

परछाईं : यशोधरा द्वारा विदा करते वक्त दी गयी शिक्षा 'ऐसे मार्ग का अन्वेषण करने की थी जो सम्पूर्ण संसार के लिए कल्याणकारी हो' उसकी पूर्ति भी राज्य के इस नैतिक रूप से ही सम्भव है?

भिक्षु सिद्धार्थ : रोग की सही पहचान (डायग्नोसिस्ट) और उपयुक्त दवा सेवन रोग से मुक्ति का उपाय है, लेकिन रोगों से मुक्ति तो इस बात पर निर्भर करेगी कि पथ्य के साथ दवा का सेवन ठीक से किया गया या नहीं।

परछाईं : अच्छा हो कि सब कुछ खोने के पहले महाबोधि मूक मन्त्र संसार की समझ में आ जाय।

भिक्षु सिद्धार्थ : *(सिर हिलाते हुए)* ये संसार उम्मीद पर कायम है।

(भिक्षु सिद्धार्थ का मंच से प्रस्थान)

(पर्दा गिर जाता है।)

दृश्य-3

महाबोधि

स्थान : लॉन
समय : प्रातः 7.00 बजे
पात्र : 1. धर्मानन्द
2. सत्यवती

[मंच पर धर्मानन्द और सत्यवती आपस में बातें करते हुए।]

धर्मानन्द : वर्तमान जब अपनी समस्याओं का हल खुद नहीं निकाल पाता है तो अतीत की ओर झाँकता है। जहाँ नैराश्य की राख से आशा के अंकुर दिखायी दे जाते हैं।

–अन्तराल–

यान्त्रिक जीवन से हार-थककर अवसादग्रस्त वर्तमान अब बोधि वृक्ष की शीतल छाया की ओर देखने लगा है। इंग्लैण्ड द्वारा युद्ध के वातावरण से अवसादग्रस्त अपने सैनिकों को बोधगया भेजा जाना इसी का उदाहरण है।

–अन्तराल–

दरअसल 'संयुक्त राष्ट्र संघ' द्वारा संरक्षित बोधगया वह पवित्र स्थान है जहाँ बोधि वृक्ष है। वही बोधि वृक्ष; जिसके नीचे कपिलवस्तु के राजकुमार सिद्धार्थ को ज्ञान प्राप्त हुआ था। करुणा, दया, सहानुभूति, समता, सहिष्णुता, मैत्री, अहिंसा एवं सहअस्तित्व का सन्देश देता बोधि वृक्ष, बुद्ध की परिवर्तित काया के रूप में आज भी अवस्थित है। इसकी शीतल छाया में हिंसा और युद्ध

के वातावरण से अवसादग्रस्त मन 'बीती ताहि बिसार के आगे की सुधि लेहु' जैसा संदेश महसूस कर अद्‌भुत ताजगी और ऊर्जा से भर जाता है।

भवतु सव्व मंगलम

(हॉल में बत्तियाँ जल जाती हैं।)

(सभी का प्रस्थान)

परिशिष्ट

शब्दार्थ

पालि भाषा के शब्द :	हिन्दी में अर्थ
अग्रमहिषी :	पटरानी
अत्त दीपा भवथ :	तुम स्वयं अपने प्रज्ञा दीपक बनकर स्वावलम्बी बनो अत्तसरणा
अत्ता हि अत्तनो नाथो :	तुम स्वयं ही अपने स्वामी हो
अट्ठकथा :	अर्थ सहित कथा। सिंहल द्वीप *(लंका)* में यह परम्परा थी कि पहले 'त्रिपिटक' के वाक्यों का अर्थ बताया जाता था और जहाँ आवश्यकता होती वहाँ कथा दे दी जाती थी।
अवन्ती :	मालवा
अचिरवती :	राप्ती *(नदी)* जिला गोण्डा *(श्रावस्ती)*
अपदान :	*(संस्कृत अवदान)* सच्चरित्र
अमात्य :	मन्त्री
अव्याकत :	आत्मा शरीर से भिन्न है या नहीं, आत्मा अमर है या नहीं, संसार सान्त है या अनन्त, नित्य है या अनित्य आदि प्रश्नों को तथागत ने अव्याकत की श्रेणी में रखा। अव्याकत *(चर्चा करना व्यर्थ)* विषयों के समाधान के लिए पर्याप्त प्रमाण नहीं होते हैं, इसलिए चार अन्धों द्वारा हाथी के वर्णन जैसे होते हैं।
अर्हत :	वह जिसने जन्म मरण की अवस्थाओं से ऊपर उठकर जन्म मृत्यु के पार जाकर निर्वाण अर्थात बुद्धत्व की सर्वाधिक ऊँची और अन्तिम श्रेणी प्राप्त कर ली हो।

अभिधम्मधर : अभिधम्म पिटक को कण्ठस्थ रखने वाला भिक्षु

आराम : बगीचा

आर्य : घुम्मकड़ या मुसाफिर

आर्य मार्ग : जीवन शुद्ध ज्ञान, शुद्ध विचारों, शुद्ध वाणी, सद्कर्मों, शुद्ध आचरण, सही प्रयासों, सच्ची जागरुकता और चित्त के केन्द्रीकरण से प्रकाशित हो उठता है। बुद्ध ने इसे आर्य मार्ग कहा है।

आवुसो : आयुष्मान *(वरिष्ठ भिक्षु द्वारा कनिष्ठ एवं आयु में छोटे भिक्षु के लिए सम्बोधन)*

आसन्दी : कुर्सी

इल्हामी धर्म : भगवान या पैगम्बर का सन्देश जिसमें रचयिता की पूजा की जाती है और वह आत्माओं की मुक्ति कराने की आश्वस्ति देता है

इन्द्र (पुरन्दर) : शहरों को तोड़ने वाला, सेनापति अधिपति जो धीरे-धीरे राजवाचक बन गया पहला इन्द्र शक्र था, नहुष आदि अगले क्रम में थे।

उच्छेदवाद : भौतिकवाद

उत्पाद : उत्पत्ति

उपादान : आसक्ति अर्थात तृष्णा की बहुलता

उपेक्षा : सुखः दुःख को समान रूप से देखना

उपोसथ (उपवासथ) : सप्ताह का पवित्र दिन जब सभी भिक्षु अपने-अपने द्वारा की गयी गलतियों/दोषों को स्वीकार कर क्षमा मांगते थे और बुद्ध धर्मोपदेश देते थे यह चन्द्रमा की स्थिति से पहली तिथि, आठवीं तिथि, सोलहवीं और तेइसवीं तिथि। इन्ही तिथियों का नामकरण अंग्रेजी में सन्डे और हिन्दी में रविवार के रूप में हुआ।

ऋषिपत्तन : *'(इसिपत्तन)'* सारनाथ का प्राचीन नाम

कर्षापण : मुद्रा

गन्धकुटी : अन्य भिक्षुओं से अलग बनायी जाने वाली कुटी जिसमें भगवान बुद्ध प्रवास काल में स्वयं रहा करते थे।

चक्रवर्ती सम्राट : सारी जनता को सुखी बनाने में दक्ष, राजा जो शान्ति

व्यवस्था कायम होते ही लोगों को 'पंचशील' के उपदेश देना प्रारम्भ कर देता है।

चार ब्रह्म बिहार : मैत्री, करुणा, मुदिता, एवं उपेक्षा

चारिका : यात्रा/भ्रमण

चीवर : वस्त्र *(गेरूआ)*

चैत्य : देवताओं का चबूतरा अर्थात रहने का स्थान

छन्द : वोट (का पुराना नाम)

छन्द दायक : मतदाता

छन्द शलाका : मतदान हेतु 'वैलेट पर्ची' का प्राचीन रूप लकड़ी *(जो पेन्सिल नुमा अलग-अलग रंगो की होती थी)* जो समर्थन या विरोध का अर्थ देती थीं। इन छन्द शलाखाओं को गिनकर संघ-स्थविर *(अध्यक्ष)* बहुमत या अल्पमत की घोषणा करते थे।

जनपद कल्याणी : सर्वाधिक सुन्दरी

जातक : वाचिक परम्परा *(जैसे कोई कथा सुना रहा हो)* की लोक कथायें जिनका श्रेय बुद्ध घोष को दिया जाता है इनमें लोक जीवन और बुद्ध के पूर्व जन्मों की कथाओं का संग्रह है।

तृष्णा : सुख की पुनः प्राप्ति का निश्चय ही तृष्णा है।

तथागत : वह जो कहीं से आता नहीं और कहीं जाता नहीं जिसका 'आदि अन्त' नहीं है *(तिक न्यात हन्)* वह जिसने सत्य से जीत लिया हो (रिस डेविड्स)

त्रिरत्न : बुद्ध (उपदेशक/शिक्षक), धर्म *(उपदेश)*, संघ *(उपदिष्ट)*

त्रिपिटक : (1) विनय पिटक *(आचार संहिता)*
(2) सुत्त पिटक *(उपदेश संग्रह)*
(3) अभिधम्म पिटक *(तत्व मीमांसक धम्म-सूत्र संग्रह)*

त्रिपिटकधर : तीनों पिटकों को कण्ठस्थ रखने वाला भिक्षु

थेरा : वरिष्ठ

थेरावादी स्थाविरवादीः वह बौद्ध भिक्षु जो भगवान बुद्ध द्वारा दी गयी शिक्षा का पालन करते हैं। जो (1) अस्तित्व के तीन बिन्दुओं (2) चार आर्य सत्य और (3) अष्टाँगिक मार्ग में विश्वास करते हैं। इन्हें स्थविरवादी भी कहते हैं।

दास : दाता *(सप्त सिन्धु दासों का राज्य था)*

दीपवंश : द्वीप *(श्रीलंका)* का इतिहास

देवदह : नेपाल का वह गाँव जो महारानी महामाया और गौतमी का मायका था।

देह दंडन : शरीर को कष्ट देना

देशना : धम्म -वार्ता

दुस्स (धुस्से) : गर्म वस्त्र जो गौतमी बुद्ध के लिए स्वयं सूत कातकर और खुद बुनकर बुद्ध को देने के लिए लायी थी।

धम्मचक्कपवत्तन : बुद्ध द्वारा सारनाथ में दिया गया प्रथम उपदेश

निगम : कस्बा

निर्ग्रन्थ : जैन सम्प्रदाय के साधु

निब्बूता : शान्त *(at peace)*। *(कृषा गौतमी नामक महिला ने अपनी बालकनी से सिद्धार्थ को देखकर उन पर मोहित होकर उसके द्वारा गाना गाने के उपरान्त भी सिद्धार्थ को शान्त देखकर उसके द्वारा कहा गया शब्द।)*

निर्वाण : राग, द्वेष, मोह, दौर्मनस्य से मुक्ति के माध्यम से जन्म, जरा, रोग, मृत्यु और पुनर्जन्म के भव चक्र *(साइकिल)* से मुक्ति

नीवरण : पीछे छोड़कर

नीवार : पसही धान

नैष्कर्म : एकान्तवास

पब्बजितेन : वह जिसने सांसारिक जीवन छोड़कर भिक्षु का जीवन ग्रहण कर लिया हो

पटिध : क्रोध

पायस : खीर

पातिमोक्ख : भिक्षु संघ के लिए बने 227 निषेधात्मक नियम

पाराजिका दण्ड : प्राण से मारे, शस्त्र से मारे या मारने की तारीफ करे या मारने के लिए प्रेरित करे उसे हमेशा के लिए संघ से निकाल दिया जाता था

पालि : मागधी *(बुद्ध के मुँह से निकली पांतियों के लिए पालि का प्रयोग हुआ)*

पिशुन वचन : चुगली

पिण्डपात : अन्न

पिपरहवा : जनपद सिद्धार्थ नगर *(उत्तर प्रदेश)* का वह स्थान जहाँ सिद्धार्थ के पिता की राजधानी 'कपिलवस्तु' नामक नगर बसा था।

पंचवर्गीय भिक्षु : प्रथम पाँच शिष्य (1) कौण्डन्य (2) वप्प (3) भद्रिक (4) महानाम (5) अश्वजित *(असज्ज)*

पुद्गल : व्यक्ति

पौरजानपद : नगराध्यक्ष

प्रवारणा : स्वदोष बताने के लिए सबसे प्रार्थना करना *(कि मुझमें क्या बुराई है)*

प्रातिहार्य : चमत्कार

प्रज्ञा : असाधारण ज्ञान *(दर्शन)*

प्राणातिपात : प्राणी हिंसा

प्रतीत्य : नष्ट

प्रतीत्य समुत्पाद : अस्मिन् सति इदं भवति अर्थात इसके बाद यह होता है *(क्षणिकवाद/अनित्यवाद)*

प्रत्यय : एक वस्तु दूसरी वस्तु के साथ जो सम्बन्ध धारण करती है उसे प्रत्यय कहते हैं।

पुष्करणी : लुम्बिनी स्थिति पवित्र सरोवर जिसमें शिशु सिद्धार्थ को प्रथम स्नान कराया गया था। जन्म के ठीक पहले महारानी माँ महामाया द्वारा स्नान किया गया था।

प्रथम बार भिक्षाटन : वैशाली नगर में

परिव्राजक : परिवार का त्याग कर देने वाला

बुद्ध की जन्म तिथि : 563 ई.पू. के आस पास अर्थात छठी शताब्दी ई.पू. में बैसाख-पूर्णिमा के दिन।

बुद्ध का परिनिर्वाण : 483 ई.पू.

बुद्ध : संबोधियुक्त *(बोधि, ज्ञान, प्रज्ञा प्राप्त)* मागधी में जागृति को 'बुध' कहते हैं और जागृत व्यक्ति को 'बुद्ध'।

बोधि : मनुष्य के उद्धार का ज्ञान

बोधिसत्व : जन्म से बुद्धत्व प्राप्त करने तक की अवधि का सम्बोधन

भदन्त : वरिष्ठ भिक्षु के लिए आदर भरा सम्बोधन

भद्दक्का : तप्त स्वर्ण जैसी काया वाली महिला *(यशोधरा के लिए यह शब्द कहा गया था।)*

भद्राकापलायनी : यशोधरा का दूसरा नाम राजकुमार सिद्धार्थ प्यार से गोपा भी कहते थे।

भवचक्र : प्रतीत्य समुत्पाद के 12 अंग (अविद्या, संस्कार, विज्ञान, नामरूप, षडायतन, स्पर्श, वेदना, तृष्णा, उपादान, भव, जाति *(जन्म) जरा-मरण, जो एक दूसरे के कारण उत्पन्न होते हैं। इसे भवचक्र कहते हैं)*

भिक्षुओं की आठ वस्तुएँ : (1) तीन चीवर (2) पात्र (3) वासि *(छोटी सी कुल्हाड़ी)* (4) सुई (5) कमरबन्ध (6) पानी छानने का कपड़ा

भेषज्य गुरुमन्दिर : औषधालय (चीन के बुद्ध सम्बन्धी साहित्य में भगवान बुद्ध को भेषज्य अर्थात चिकित्सा शास्त्र का गुरु कहा जाता है। उन्हें भेषज्य गुरु कहे जाने के पीछे उनका चिकित्सा शास्त्र का ज्ञान है। व्यक्ति से लेकर समाज तक की बीमारी ठीक करने में अचूक उनका चिकित्सा शास्त्रीय ज्ञान दुःख, दुःख का कारण और निवारण आदि के सिद्धान्त भी व्याख्यायित करने में चिकित्सकीय उपचार विवरण *(प्रिस्क्रिप्सन)* की तरह प्रस्तुत हुआ है।

महापदान सुत्त : महापुरूषों के सच्चरित्रों का संग्रह

महावंश : श्रीलंका का प्राचीन इतिहास जिसमें भगवान बुद्ध की ऐतिहासिक कहानियों का उल्लेख है।

मार : काम

मिताहार : 24 घण्टे में दोपहर से पहले केवल एक बार भोजन

मैत्रेय : भावी बुद्ध

मृगदाव : मृगवन

मृषावाद : झूठ

यवागू : खिचड़ी

राहुल : बन्धन

वर्षावास : वर्षाकाल में प्रवास जहाँ बुद्ध भिक्षुओं को धर्म की शिक्षा देते थे

वासि : छोटी सी कुल्हाड़ी

विचिकिच्छा : संशय ग्रस्तता

विनय : भिक्षु-नियम

विनयधर : विनय पिटक को कण्ठस्थ रखने वाला भिक्षु

विनिश्चयमहामात्य : न्यायाधीश

विपस्सी : अन्तर्दृष्टि से युक्त *(पालि साहित्य के अनुसार बुद्ध के पूर्व हुए बुद्ध का नाम जो कई सौ वर्ष पहले हुए थे, वे चार चिह्नों जरा, व्याधि, अर्थी और संत देखकर गृह त्याग किये थे, लेकिन सिद्धार्थ गौतम का गृह त्याग विचारों की एक सतत प्रक्रिया का परिणाम है। गौतम बुद्ध, दी लॉर्ड ऑफ विजडम (पृष्ठ 42)*

विहार : भिक्षुओं के रहने की कोठरी/कुटी/स्थान

व्यापाद : क्रोध

श्रमण : धर्मोपदेशक

श्रावक : शिष्य

श्रीनमिद्ध : आलस्य

शाक्य : समर्थ

शास्ता : गुरु

शील : सदाचार

सद्धर्म मार्ग : सम्बोधि मार्ग

सम्बोधि : दिव्य ज्ञान *(चेतना का परम आनन्द)*

सम्यक मार्ग : वह मार्ग जिसमें न तो कष्टों से बचा जाता है और न उन्हें अस्वीकार किया जाता है बल्कि कष्टों का सीधे सामना किया जाता है ताकि उससे उबरा जा सके।

सप्त सिंधुप्रदेश : सिंध और पंजाब

सद्धर्म : सद्धर्म की खोज का अर्थ है जीवन की पीड़ाओं का समाधान निकालना न कि जीवन से पलायन

समाधि : मन की एकाग्रता

सार्थ : कारवां

सिंहल : श्रीलंका

सिंह शैय्या : दाहिने पाँव पर बायाँ पाँव कुछ ढलता हुआ रखकर और मन में यह स्मरण कर कि मैं अमुख समय पर उठ जाऊँगा। सावधानी से दाहिनी करवट पर सोना सिंह शैय्या कहलाता है।

संखार : प्रतिबिम्ब/मानसिक स्थिति
संगीति : परिषद, पंचायत
संघ : समाज
संघाटी : भिक्षुओं द्वारा ओढ़ने हेतु प्रयोग किया जाने वाला वस्त्र
संथागार : संस्थागार *(संसद)*
स्थविर : अध्यक्ष *(संघ-स्थविर)*
संवेग : वैराग्य
सूकर मद्दव : *(सूकर = कोमल, मद्दव = फूलों का भर्ता)* चन्दन वृक्ष के काष्ठफूल/ कठफुला (मशरुम)
सुभद्र : अन्तिम श्रावक *(शिष्य)*
सुन्सुमार गिरि : चुनार *(सोनभद्र के पास)*
सुत्त : धर्मपर्याय *(सूत्र)*
सूत्र : बुद्ध के वचनों को सूत्र कहा गया है।
सूत्राचार्य : बुद्ध के वचनों को कण्ठस्थ कर लेने वाले को सूत्राचार्य कहा गया है।
सुत्तधर : सुत्त पिटक को कण्ठस्थ रखने वाला भिक्षु
हिरण्य : अशर्फी

बुद्ध के सूत्र

- **चार आर्य सत्य**

  1. जन्म-दुःख कारक है
  2. जरा-दुःख कारक है
  3. व्याधि-दुःख कारक है
  4. मरण-दुःख कारक है

- **अष्टांगिक मार्ग के आठ अंग**

  1. सम्यक दृष्टि
  2. सम्यक संकल्प
  3. सम्यक वाचा
  4. सम्यक कर्मान्त
  5. सम्यक आजीविका
  6. सम्यक व्यायाम
  7. सम्यक स्मृति (सतत जागरूकता/जागृति)
  8. सम्यक समाधि (कुशल कर्म करने में चित्त एकाग्रता)

- **पंचशील**

  1. प्राणियों की हत्या नहीं करनी चाहिए
  2. चोरी नहीं करनी चाहिए
  3. व्यभिचार नहीं करना चाहिए
  4. झूठ नहीं बोलना चाहिए
  5. शराब नहीं पीनी चाहिए

- **अत्त दीपा भवथ अत्तसरणा**

  तुम प्रज्ञा–दीपक स्वयं बनकर स्वावलम्बी बनो

- **एकैब जातिर्लोके सामान्या न पृथग्विधा**

  संसार में मनुष्य की एक ही जाति (मनुष्य जाति) है जिसमें कोई पृथकता

नहीं। पशु-पक्षियों एवं वनस्पतियों में जातियाँ होती हैं जिससे उनकी पहचान होती है।

- **सब्बे सत्ता सुखी होन्तु**
  सभी प्राणी सुखी हों।
- **अत्ता हि अत्तनो नाथो। कोहि नाथो परोसिया**
  मानवीय गरिमा की स्थापना करते हुए बुद्ध ने कहा-तुम स्वयं ही अपने स्वामी हो, दूसरा कोई तुम्हारा स्वामी नहीं हो सकता। (स्वामी सेवक के अन्तर को मिटाने में इस सूत्र का विशेष महत्त्व है)
- **न जच्चा वसलो होति न जच्चा होति ब्राह्मणो**
  कम्मुना वसलो होति कम्मुना होति ब्राह्मणो।
  जन्म से कोई व्यक्ति नीच नहीं होता और न जन्म के आधार पर किसी को ब्राह्मण कहा जा सकता है; वरन कार्य के आधार पर किसी को नीच अथवा ब्राह्मण माना जा सकता है।
- **प्रतीत्यसमुत्पाद (पटिच्च समुत्पाद)**
  कार्य कारण की वैज्ञानिक पद्धति पर आधारित प्रकृति के इस शाश्वत नियम को खोज कर 'तथागत' ने संसार के समक्ष प्रस्तुत किया। विज्ञानवाद पर आधारित इस अवस्था को 'सहेतुक' कहते हैं। इसका आशय है किसी एक घटना या वस्तु के उत्पन्न होने में कारण रूप में अन्य घटनाएँ अथवा वस्तुएँ होती हैं। प्रत्येक घटना कम से कम दो कारणों के परस्पर मिलन का प्रतिफल होती है। जरा-मरण की घटना का कारण जन्म ग्रहण है। जन्म ग्रहण भी सकारण है। चार आर्य सत्य समझने में सहायक यह सूत्र संसार की सहेतुक व्याख्या है।

  खुद से भी अधिक महत्त्वपूर्ण मानते हुए तथागत ने इसे संसार का शाश्वत नियम घोषित कर यह स्थापित किया कि मन और शरीर निरन्तर क्रिया-प्रतिक्रिया के माध्यम से एक दूसरे को प्रभावित करते हैं। इन्द्रियों का विषयों से टकराव जैव रासायनिक और विद्युत चुम्बकीय प्रतिक्रिया के रूप में घटित होता है। यही प्रतिक्रिया सुखद अथवा दुखद संवेदना उत्पन्न करती है। सुखद संवेदनाओं के प्रति राग और दुःखद संवेदनाओं के प्रति द्वेष उत्पन्न होने की क्रिया के कारण ही अवचेतन मन राग, द्वेष से ग्रस्त रहता है।

  आँख का रूप से, कान का ध्वनि से, जीभ का स्वाद से, त्वचा का स्पर्श से, मन का विचार से टकराव। तरंग के अहसास के रूप में घटित अर्थात विज्ञान (पालि अर्थ में मानस का प्रथम भाग) संज्ञा (संग्रहीत जानकारियों के

आधार पर) सुखद है या दुखद अहसास का बोध कराता है। सगे-सम्बन्धियों की मृत्यु और बिछोह से दुःख हमारे अन्दर राग और द्वेष को बढ़ाता है। इस राग-द्वेष का कारण है इन घटनाओं के स्वभाव (यह वस्तुओं का स्वभाव ही है कि उन्हें एक न एक दिन अलग होना ही होता है।) का अज्ञान। अज्ञान के कारण बनने वाले राग-द्वेष के संखार (प्रतिबिम्ब/मानसिक स्थिति) भवचक्र के कारण बनते हैं। निर्वाण राग-द्वेष से मुक्ति है।

इस तरह अविद्या के कारण संखार (मानसिक स्थिति), संखार से विज्ञान, विज्ञान के कारण नामरूप संज्ञा (चित्त और शरीर), नामरूप रूप के कारण छह इन्द्रियाँ, छह इन्द्रियों के कारण स्पर्श, स्पर्श के कारण वेदना, वेदना के कारण तृष्णा, तृष्णा के कारण उपादान (गहन आसक्ति), उपादान के कारण भव, भव के कारण जाति (जन्म), जाति के कारण बुढ़ापा, मृत्यु, शोक, रोना, दुखित, बैचेन व परेशान होना होता है। इस तरह सारे दुःखों के समुदय का उदय होता है। इसे ही दुःख चक्र या भवचक्र कहते हैं। यही संसार चक्र है।

बुद्ध पूर्व नियतिवाद (संसार के समस्त कार्य भाग्य के अधीन हैं) ईश्वरेच्छा (प्रत्येक घटना के लिए ईश्वर उत्तरदायी है) और यदृच्छा (मनमाना अवसर) के सिद्धान्त प्रचलित थे। इन सिद्धान्तों के आधार पर व्यक्ति अपने कार्यों के लिए न तो उत्तरदायी था और न अपना भाग्य स्वयं बना सकता था। बुद्ध की तर्क बुद्धि में ये सिद्धान्त खरे नहीं उतरते थे। इसीलिए बुद्ध ने 'कारण और प्रभाव' आधारित 'प्रतीत्य समुत्पाद' को विकसित कर 'बौद्धिकतावाद' और 'मानवतावाद' का मार्ग प्रशस्त कर प्रथम पुनर्जागरण का मार्ग प्रशस्त किया।

- **अस्मिन् सति इदं भवति**

  इसके बाद यह होता है अर्थात किसी न किसी कारण की वजह से कुछ न कुछ की उत्पत्ति।

- **ऐहि पस्सिको**

  आओ और देखो अर्थात प्रमाण पुष्ट करना। बुद्ध का गणतांत्रिक लोकतन्त्र में अटूट विश्वास था इसलिए दार्शनिकता में भी पारदर्शिता के लिए उन्होंने 'ऐहि पस्सिको' कहकर दार्शनिक क्षेत्र में लोगों की सहभागिता को आमंत्रित किया।

- **कूटदन्त सूत्र**

  कोशल नरेश प्रसेनजित को बुद्ध द्वारा दी गयी निम्न देशना को आनन्द द्वारा

कूटदन्त सूत्र नाम दिया गया–1. आस-पास के लोगों को प्रसन्नता बाँटी जायें। 2. न्याय और आर्थिक प्रणाली को सुधारा जाये। 3. शारीरिक दण्ड या कैद से अपराधों में प्रभावी कमी सम्भव नहीं है। 4. किसानों को उत्पादन वृद्धि में सहयोग किया जाये। व्यापारियों की मदद की जाये। 5. गरीबों को करों से मुक्त रखा जाये। 6. अशक्तों को अवकाश दिया जाये। 7. बेगार बन्द करा दी जाये। 8. अपना व्यवसाय चुनने का लोगों को अवसर दिया जाये। 9. तकनीकी शिक्षा का विकास किया जाये। 10. अर्थव्यवस्था में लोगों की भागीदारी हो।

- **सिंह गर्जना सूत्र**

  कार्य कारण सम्बन्ध पर आधारित धम्म घोषणा से भ्रान्त सिद्धान्तों की धज्जियाँ उड़ने और भ्रान्त धारणाओं के विरुद्ध लोगों की जागरुकता से भ्रान्त धारणाओं के किले ढह जाते हैं। इसे बौद्धों ने सिंह गर्जना सूत्र कहा है।

- **वय धम्मा संसारा अप्पमादेन सम्पादेथ**

  संसार की सभी वस्तुओं की एक उम्र होती है (वे सब अनित्य हैं।) इसलिए आलस्य त्याग परिश्रमी बनकर निर्वाण (मुक्ति) के पथ पर आगे बढ़ते रहो।

- **गणराज्य के अजेय होने के लिए सात नियम**

  राष्ट्र चालक संसद सन्निपात बहुल हो अर्थात लोग बार बार एकत्रित होकर काम का निर्णय करें (2) एक साथ मिलकर मीटिंग करें और काम में लगें (3) कानून का उल्लंघन न करें (4) बुजुर्गों का सम्मान करें, उनकी बातें ध्यानपूर्वक सुनें (5) स्त्रियों पर जबरदस्ती न करें (6) धर्म-धार्मिक भावों के लोगों का ख्याल रखें (7) सत्पुरुषों की रक्षा का प्रबन्ध करें।

- **धम्मचक्कपवत्तन (बुद्ध का प्रथम उपदेश)**

  ऋषिपत्तन (सारनाथ) में बुद्ध ने अपना प्रथम उपदेश उन्ही पाँच भिक्षुओं (पुराने साथियों) को दिया था जो उन्हें बीच में ही छोड़कर ऋषिपत्तन (वर्तमान सारनाथ) में रहने लगे थे। उनके साथ ज्ञान साझा करने हेतु भगवान बुद्ध ऋषिपत्तन में पधारे और मृगदाव (हिरणवन) में उन्हें उपदेश देकर दीक्षित किया। इस प्रथम उपदेश को 'धर्मचक्र प्रवर्तन' कहते हैं।

  भिक्षुओं को सम्बोधित करते हुए उन्होनें कहा था ''भिक्षुओं! जनता प्रायः आस्तिकता या नास्तिकता के दो छोरों तक चली जाती है परन्तु तथागत इन दोनों अन्तों को छोड़कर 'मध्यम मार्ग' का उपदेश देते हैं। अष्टांगिक मार्ग द्वारा तृष्णा का निरोध करके संसार में सुख-शान्ति की स्थापना करना प्रत्येक व्यक्ति का कर्तव्य है। यही सीधा मार्ग है।

■ **चुन्द हेतु बुद्ध के वाक्य**

बुद्ध ने निर्वाण से पूर्व आनन्द से कहा था कि चुन्द को कोई यह कहकर क्षुब्ध न करे कि 'तथागत' तेरे पिण्ड (भोजन) को खाकर निर्वाण को प्राप्त हुए। इसलिए हे आनन्द! तुम कहना कि आवुसो! लाभ है तुझे, तूने सुलाभ कमाया क्योंकि दोनों पिण्ड एक-एक फल और विपाक वाले हैं। दोनों महा फलदायक और श्रेष्ठ हैं। (1) जिस पिण्ड को ग्रहण कर 'तथागत' बुद्धत्व प्राप्त हुए अर्थात 'सुजाता की खीर' (2) जिस पिण्ड (भोजन) को ग्रहण कर तथागत दुःख-कारण-रहित 'निर्वाण' को प्राप्त हुए। अर्थात चुन्द का 'सूकरमद्‌दव' (काष्ठ फूल/मशरूम)।

■ **शुद्धोदन की मृत्यु के समय बुद्ध के वचन**

मृत्यु शैय्या पर लेटे पिता शुद्धोदन का हाथ पकड़कर बुद्ध ने कहा था आप मुझ पर, नन्द (छोटे भाई) और राहुल के ऊपर गहरी दृष्टि डालिए। खिड़की के बाहर वृक्ष के हिलते-डुलते पत्तों को देखिये। जीवन चक्र यों ही चलता रहता है। आप अपने बेटों, पौत्र और अन्य प्राणियों एवं वनस्पतियों के माध्यम से जीवित रहेंगे। चार तत्वों से मिलकर बना शरीर अन्ततः विश्रंखलित हो जाता है। राहुल का शरीर भी आपका ही है, कहकर बुद्ध ने राहुल को शुद्धोदन का दूसरा हाथ पकड़ने का संकेत किया और राहुल द्वारा शुद्धोदन का दूसरा हाथ पकड़ते ही उनके चेहरे पर प्रेम भरी मुस्कान उभरी और उनके अन्दर से मृत्यु का भय जाता रहा। उन्होंने अपने आस-पास खड़े लोगों से अपनी त्रुटियों की क्षमा मांगी और सदा-सदा के लिए आँखें मून्द लीं।

■ **अन्तिम उपदेश**

बेलुव (वैशाली के निकट) में आनन्द से भगवान बुद्ध ने कहा-मैंने अपना धर्म खोलकर बता दिया है। उसमें कोई भी बात छिपा कर नहीं रखी है। मैंने तुम्हें जो धम्म, विनय सिखाया है वही तुम्हारा शास्ता (गुरु/पथ प्रदर्शक) है। 'तथागत' की यह इच्छा नहीं है कि वह उसका नायक बने या भिक्षु संघ उस पर अवलम्बित रहे। अब मैं जीर्ण एवं वृद्ध हो गया हूँ। अस्सी बरस का टूटा फूटा छकड़ा। जैसे बाँस के टुकड़े जोड़ देने से वह किसी तरह चलता रहता है। जिस समय मैं निरोध-समाधि की भावना करता हूँ उसी समय मेरी देह को कुछ अच्छा लगता है। इसलिए तथागत ने अब तक जो देशना की है उसका ध्यान अध्ययन करिए, जांच-परख कर स्वयं उसका परीक्षण करिए ताकि उसे ठीक से भावी पीढ़ियों को सौंप सको। चूँकि सभी धर्म (प्राणी/वस्तुएँ) अनित्य हैं। वे जन्मते और मरते हैं। विकसित और विलय

होते हैं। तथागत भी तीन महीनों में शरीर त्याग देंगे। इसलिए जन्म-मरण, वर्धन और विसर्जन के पार जाकर अपने पर ही अवलम्बित रहो, आत्मनिर्भर बनो। खुद को ही 'अपना प्रज्ञा दीप' बनाओ। 'धम्म' को ही दीप बनाओ। खुद की ही शरण में जाओ। धम्म की ही शरण में जाओ।

■ **अन्तिम वाक्य**

भिक्षुओं! सदधर्म के बारे में जो भी शंका समाधान करनी हो, कर लें। फिर न कहना कि मैं शास्ता के सम्मुख था पूछ नहीं पाया। किसी के न बोलने पर वह बोले "वय धम्मा संसारा, अप्पमादेन संपादेथ" अर्थात सभी वस्तुएँ अनित्य हैं यदि जन्म है तो मृत्यु सुनिश्चित है, मिलने के साथ बिछोह जुड़ा है, प्राणी जगत का ये स्वभाव ही है कि हमको अपने प्रियजनो से पृथक होना ही पड़ता है। इसलिए निर्वाण (राग, द्वेष, मोह, जरा, मरण, दुःख, दौर्मनस्य से मुक्ति) प्राप्त करने के पथ पर परिश्रमी बनकर आगे बढ़ो" कहते-कहते सदा के लिए आँखें बन्द कर ली।

सन्दर्भ ग्रन्थ

1. भगवान बुद्ध—पं. धम्मानन्द कोसाम्बी
2. जहं-जहं चरन परे गौतम के—तिक् न्यात हन्ह
3. दि वन्डर दैट वाज इंडिया—ए.एल. वासम
4. भारतीय संस्कृति और अहिंसा—पं. धम्मानन्द कोसाम्बी
5. बुद्ध और उनका धम्म—डॉ. बी.आर. अम्बेडकर
6. महामानव बुद्ध—महापंडित राहुल सांकृत्यायन
7. दि लाइट ऑफ एशिया—सर एडविन अरनोल्ड
8. भगवान बुद्ध—आनन्द श्रीकृष्ण
9. पालि इंग्लिश शब्दकोष—टी.डब्लू. रिस डेविड्स एवं विलियम स्टीड
10. लुम्बिनी दि वर्थ प्लेस ऑफ लार्ड बुद्धा—सानू राज शाक्य
11. सारनाथ आर्क्योलॉजी, आर्ट एण्ड आर्किटेक्चर-आर्क्योलॉजीकल सर्वे ऑफ इंडिया
12. बौद्ध धर्म में शून्यवाद—डॉ. धर्मकीर्ति
13. सम्यक दर्शन—जी.के. लामा
14. बुद्धिस्ट स्क्रिप्चर्स—ई.जे. थामस
15. जातक टेल्स (वर्थ स्टोरीज ऑफ बुद्धा)—ईथल वैश्विक
16. बौद्ध धर्म का इतिहास और साहित्य—टी.डब्लयू. रिस डेविडस; सम्पादक—ताराराम
17. बौद्ध राजदर्शन—अखिलेश्वर प्रसाद दुबे
18. वॉकिंग विद बुद्धा—गुड अर्थ पब्लिकेशन
19. लुम्बिनी ब्रोसर-लुम्बिनी डिवलपमेंट ट्रस्ट सेक्रेड गार्डन लुम्बिनी—नेपाल
20. दि फिलोसोफीज एण्ड रिलीजन्स ऑफ इंडिया—योगी रामचरक
21. सिद्धार्थ—हरमन हेस
22. दि विजन ऑफ दि बुद्धा—टाम लोवेन्स्टीन
23. बुद्धिस्ट साइकोलॉजी—अमल-के-बरुआ